FOLCLORE:
Entre a Prática e a Teoria,
entre o Fazer e o Poder

Dados Internacionais de Catalogação na Publicação (CIP)
(Câmara Brasileira do Livro, SP, Brasil)

Bonzatto, Eduardo Antonio
  Foclore : entre a prática e a teoria, entre o fazer e o poder / Eduardo Antonio Bonzatto. -- 1. ed. -- São Paulo : Ícone, 2010. -- (Coleção conhecimento e vida / coordenação Diamantino Fernandes Trindade)

  Bibliografia
  ISBN 978-85-274-1142-4

  1. Cultura 2. Cultura popular 3. Folclore 4. Folclore - História e crítica 5. Sociedade 6. Tradição oral 7. Usos e costumes I. Trindade, Diamantino Fernandes. II. Título. III. Série.

10-08697   CDD-398

Índices para catálogo sistemático:

1. Folclore   398

Eduardo Antonio Bonzatto

FOLCLORE

Entre a Prática e a Teoria,
Entre o Fazer e o Poder

COLEÇÃO CONHECIMENTO E VIDA

COORDENAÇÃO
DIAMANTINO FERNANDES TRINDADE

1ª EDIÇÃO
BRASIL – 2010

Ícone editora

© Copyright 2010
Eduardo Antonio Bonzatto
Direitos cedidos à Ícone Editora Ltda.

Coleção Conhecimento e Vida

Coordenação Editorial
Diamantino Fernandes Trindade

Capa e diagramação
Richard Veiga

Revisão
Juliana Biggi
Marsely De Marco Dantas

Proibida a reprodução total ou parcial desta obra, de qualquer forma ou meio eletrônico, mecânico, inclusive através de processos xerográficos, sem permissão expressa do editor (Lei nº 9.610/98).

Todos os direitos reservados pela
ÍCONE EDITORA LTDA.
Rua Anhanguera, 56 – Barra Funda
CEP 01135-000 – São Paulo – SP
Tel./Fax.: (11) 3392-7771
www.iconeeditora.com.br
e-mail: iconevendas@iconeeditora.com.br

Agosto de 1968: enquanto o mundo explodia em protestos, na provinciana Olímpia, meu professor José Santana nos convocava para transformá-la na capital nacional do folclore.

À sua memória dedico este livro.

Eduardo Antonio Bonzatto[1]

---

[1] Doutor em história social, professor e permacultor.

ÍNDICE

Introdução, 9

Parte I – LORE, 11
  Pagode, 17
  Taipa, 19
  Catirina, 22
  Maracatus, 24
  A rainha do povo, 27
  Dois ditos populares, 28
  Iemanjá, 29
  A preguiça, 30
  As parteiras, 31
  Toré, 33
  Grupo Cupuaçu, 36
  Feijoada, 37
  Os chifres, 41
  Feiras, 43
  Rap ou *hip-hop*?, 45
  A luta huka-huka, 46
  Enchimento de laje, 47
  Chá de cozinha e chá do bebê, 49
  O carnaval, 50
  O *luthier*, 52
  Literatura de cordel, 56
  Sinapismo, 58
  Jogo de peteca, 60
  As bruxas da Lagoa da Conceição, 61

Nas trilhas de Sumé: uma lenda, 63
Happy hour e cafezinho, 65
RPG, 66
Saci, 66
Como ser um folclorista, 68
Capoeira, 70
Grupo Imbuaça, 71
Truco, 72
Confeitaria, 73
Movimento armorial, 75
Trekkers, 76
Fanzine, 77
Chanuca pernambucano, 78
Mais bumba-meu-boi, 80
Mais ditados, 83
Umbanda, 84
Conclusões parciais, 88

Parte II – FOLK, 89
Noites amazônicas, 90
O trigo não tem dono, 96
O quebra quilo, 99
A ciência, a política e o saci, 106
O manifesto regionalista, 116
A educação como redução, reprodução e preconceito, 123
A viagem ao coração das trevas ou uma temporada no inferno, 132
A educação como panaceia, 140
Folclore e política, 156
O regional e o nacional, 179

Introdução

A ideia deste livro surgiu de uma recusa: não aceito de maneira alguma a categoria "povo"; sobretudo porque esse "universal" foi construído para homogeneizar as relações e experiências que são sempre únicas, conferindo aos grupos, acordos e vínculos expressos, tanto pelo efêmero quanto pelo permanente, numa equação que jamais se repete.

O povo não existe! Nem tampouco o popular, o senso comum, o vulgo. É uma forma de empacotar a diversidade numa embalagem de cristal: pode até ser bonito, mas nada diz, nada informa, exceto o vazio assustador de seu reflexo.

Ao contrário, essas experiências são tão dinâmicas, tão fluidas, que é impossível classificá-las.

Junto com a categoria "povo", o folclore nasceu para aprisionar aquelas experiências em um rótulo sempre pejorativo, porque rótulo de subalternidade e de menosprezo, ainda que diante das máscaras da curiosidade e do paternalismo, ou, mais recentemente, do consumo analgésico de cultura popular.

Tento aqui resgatar a alegria das relações patrocinadas pelo grupo em oposição à teoria, que torna a realidade tão chata como uma folha de papel, sobre a qual rabiscamos arabescos; pois no fazer da alegria, no círculo mágico que nasce das sociabilidades coletivas, incomodado, o poder geralmente se ausenta e fica de tocaia, aguardando a oportunidade em que a intensidade do jogo reflui e os sujeitos se afastem para suas solidões.

Na primeira parte, chamada *Lore*, resgato essas práticas coletivas singulares e não programáveis. Apresento sugestões de sociabilidades que potencializam a alegria, além de critérios que estimulem o resgate e o fazer de outras experiências. Afinal, a crítica só se torna possível a partir de um conjunto de critérios previamente revelados.

Na segunda parte, chamada *Folk*, analiso o poder e a historicidade de uma tradição bastante recente que retira de seu tempo e de seu ambiente a ventania e a enclausura num palco. Aponto também as razões que conferem ao poder a leucemização dessas experiências.

O intenso fazer sempre refeito sobrepõe-se ao poder ou, ao menos, é capaz de inibi-lo, de senti-lo apequenar-se, de vê-lo recolher-se a seu invólucro de raiva e regeneração.

Uma alegria autêntica sempre frutifica das intersubjetividades fortuitas que o fazer proporciona.

O poder? O poder desfaz! Desfaz tudo e refaz de outro jeito, mas tão delicadamente, tão imperceptivelmente, como só um arquiteto de nuvens faria.

Parte I

LORE

*Nada ofusca o colosso de um milhão de olhos;
ele vê tudo: até os punhais escondidos*
Restif de la Bretonne

Os estudos sobre folclore, a princípio, buscam uma separação entre os conhecimentos "científicos" e os saberes "populares". Portanto, entender a dimensão do folclore significa compreender as razões dessa diferenciação entre cultura popular e cultura erudita.

Essa nossa história começa com o Iluminismo que, em poucas palavras, consiste no momento em que os homens sistematizaram a ideia de ciência, organizando todos os saberes possíveis então em torno da *Enciclopédia*, que era muito parecida com as enciclopédias que temos hoje em dia, a *Barsa*, a *Delta Larousse* e que procuram guardar uma grande quantidade de informações sobre "todos" os assuntos. Era o século XVIII e a humanidade passava a explicar o mundo com as ferramentas centradas no homem, diferenciando-se do modelo que buscava explicá-lo pela lógica religiosa, até então vigente e que regulamentava a vida dos homens com as regras da Igreja.

Isso, naturalmente, fez com que os homens que dominassem esses conhecimentos se diferenciassem de todos os outros. Como faziam parte de uma classe social chamada "burguesia", detentora do poder econômico, conquistaram igualmente o poder político. Foi a chamada "Revolução Francesa".

Claro que aqueles que não possuíam nem o poder econômico, nem o poder político tiveram os seus saberes colocados numa posição inferior na hierarquia social, para que isto justificasse sua própria inferioridade social. Foi assim que na Inglaterra iniciaram-se os estudos sobre "*Folk lore*", que textualmente significa "coisas do povo" ou "ciência do povo", cujo criador foi o arqueólogo inglês Willian John Thoms que, em 1846, envia uma carta à revista *The Athenaeum* de Londres sobre uma pesquisa dos usos, costumes, tradições, canções, lendas, mitos, ditos populares de diversas regiões da Inglaterra. Era 22 de agosto e este passou a ser o dia internacional do folclore.

Mas, sobretudo, necessitamos historicizar este termo, carregado de um caráter tão pejorativo que afirmar que alguém ou alguma coisa é "folclórica" significa denunciar seu exotismo, quase sua vulgaridade.

Vamos a um outro tempo, atrás de indícios de sua constituição, portanto. Durante o séc. XVIII, em algumas regiões da Inglaterra, grandes massas humanas revoltaram-se, destruindo tudo que encontravam pela frente. Passados muitos anos, quando os historiadores observaram esses fenômenos, compararam com a produção de alimentos e perceberam que tais revoltas deveriam estar acontecendo pela fome, já que distúrbios climáticos haviam, nesses períodos, reduzido, em muito, a produção de trigo, base alimentar daquela região.

No entanto, um outro historiador[2] retrocedeu suas pesquisas ainda mais, no passado, e recuperou uma antiga convenção local que ditava que a primeira safra de trigo deveria ser vendida na porta do moleiro a preço justo, sem ir para o mercado. Quando, no séc. XVIII se instituem os novos mecanismos do capitalismo, que aplicam a lei da oferta e da procura aos produtos, de tal sorte que, quando há escassez, o preço sobe, o dono do trigo preferia ignorar a tradição e vender esta primeira safra no mercado, embolsando o lucro extra. Segundo este historiador, as revoltas detectadas eram, na verdade, uma pressão pelo cumprimento da tradição, ou seja, que a primeira fosse vendida aos pobres antes de chegar ao mercado.

Pressões semelhantes ocorreram por todo o séc. XVIII em toda a Europa.

Outra consideração que devemos observar diz respeito à necessidade, durante o séc. XIX, da criação de

---

[2] THOMPSON, E. **Costumes em Comum**. São Paulo: Cia das Letras, 2000.

tradições que não existiam anteriormente. Tal necessidade tem a ver com a formação dos estados nacionais e com a emergência de uma burguesia sem nenhuma tradição, como havia sido o caso da nobreza, cuja linhagem retrocedia há vários séculos.

O *kilt*, aquele saiote dos escoceses, foi criado no final do séc. XIX, e conferia legitimidade às elites locais em sua relação com a tradicional nobreza inglesa.

No Brasil, especificamente em São Paulo, os novos ricos cafeicultores paulistas necessitavam de um amparo legítimo na tradição. Escolheram para isso a figura dos "bandeirantes", homens corajosos, barbudos, trajando cota de couro e arcabuz, indômitos que avançavam pelos matos do interior perigoso do Brasil, caçando índios e buscando o precioso e vil metal. Passaram a denominar-se como "paulistas quatrocentões", justamente vinculando-se a esta história. O grande problema é que os tais bandeirantes não eram nada disso.

São Paulo havia ficado isolado por vários séculos durante o período colonial. A Serra do Mar funcionara como um grande paredão, impedindo a exportação de riquezas. O resultado é que sua população acabou assimilando muito da vivência indígena, a ponto de esquecerem a própria língua. Em sua grande maioria, falavam a língua geral dos indígenas, andavam descalços, viviam premidos pela fome e pela necessidade, tinham uma barba muito rala e poucos índios.

Todavia, a imagem que nos fica é a de homens imensos, sendo Borba Gato o referencial iconográfico, justamente o que precisavam as elites cafeicultoras paulistas.

Voltemos um pouco à questão da tradição. Tão logo aquelas pressões pelo cumprimento da tradição alastraram-se perigosamente, Willian John Thoms forja o termo "folclore", tornando tais demandas curiosidades vazias que devem ser observadas em seu exotismo.

Para que essa ilustração se torne mais clara, pensemos nos nossos próprios exemplos. O saci-pererê é caracterizado como um "negrinho" de uma perna só que atazana a fazenda, dando nó em crina de cavalo, colocando fogo no milharal, agente de inúmeras traquinagens. Retirá-lo da condição de subversivo e mitificá-lo significa esvaziar todo seu potencial político, menosprezando seu perigo.

Outro exemplo característico é o Bumba-Meu-Boi, no qual o capataz da fazenda, tendo a mulher grávida possuída por uma vontade irresistível de ter a cabeça do melhor boi do patrão, acaba por ceder e corta a cabeça do dito boi. Em ambos os casos, pensemos nas grandes unidades produtivas escravistas, na ordem desejada e nunca conseguida plenamente. Retire seus agentes desordeiros e coloque-os num outro "lugar"; suas ações terão, necessariamente, outro caráter.

Resta, talvez, acrescentar que todos os folcloristas brasileiros tiveram, em um momento ou outro, ligações com o integralismo, uma proposta política que tinha muita semelhança com o nazismo.

O que temos, em suma, é que, durante a formação dos estados modernos e das nações, enquanto uma classe social, desprovida de qualquer tradição tivera que "inventar" uma referência simbólica, um passado e uma tradição, já que sua ascensão havia sido fundamentada no poder do dinheiro que o capitalismo emergente proporcionava, outro grupo social teve seus vínculos com uma tradição muito antiga, na qual baseavam suas demandas, erradicada pelo conceito do folclore. A partir de então podia ser ouvido: "Isto nunca existiu, são crenças populares!", de um lado, enquanto de outro, "Veja, este tecido guarda uma linhagem muito antiga, que remonta há séculos, a linhagem do meu nome!". De um grupo retirou-se um corpo de tradição e de outro se inventou tradições que jamais existiram.

Mas não devemos nem acompanhar esse tipo de preconceito construído, nem nos render a algum tipo de simplificação quanto à natureza desses estudos.

Felizmente, hoje em dia, já se percebeu a importância de se conhecer as formas de pensar e de se entender o mundo das chamadas camadas populares. Normalmente a forma de transmissão desse tipo de conhecimento é a oralidade, ou seja, uma geração "conta" para a seguinte os seus conhecimentos e assim chega até nós essa tradição.

Alimentação, remédios naturais, sinapismos, técnicas artesanais, literatura de cordel, são formas riquíssimas de expressão e de cultura com as quais não podemos nos apartar.

Todavia, o fato folclórico, anônimo, clássico, não será aqui respeitado. Algumas vozes captam, como antenas, a glosa da massa, o ruído, por vezes incômodo, que grassa nas bocas e gritam alto, às vezes alto demais para que nos finjamos de morto. Ouçamo-las!!

Esse livro tem, portanto, a intenção de compilar um conjunto de práticas que as pessoas de várias regiões incorporam, geração após geração, à sua vivência cotidiana, construindo redes de solidariedade tanto nos meios rurais quanto urbanos, extrapolando a ideia de que folclore seja o estudo das lendas e mitos de um povo, embora isto se inclua nessas verdadeiras redes de interação social. Capturando, inclusive, os aspectos de resistência que tais grupos demandam.

Aos olhos mais treinados nas coisas do folclore parecerão estranhos alguns itens deste despretensioso texto. Será folclore algumas reuniões femininas? Ou a cobertura festiva da suada casa própria? E algumas outras surpresas aguardam esses olhos.

De fato, o folclore do título, propositadamente indagativo, é um pretexto, ou como querem os puristas, um pré-texto para provocar a convergência das pessoas, para o encontro, desde que carregado de algum significado, encontro produtivo, portanto, fraterno e invulgar, que remove tanto o conceito quanto, e principalmente, o pré-conceito, esse estranho capricho de dados que importamos com os pés, na algibeira sortida de nossa existência.

PAGODE

A origem da palavra pagode vem do sânscrito e significa templo religioso, como é denominado tanto na China quanto na Índia.

Ninguém realmente sabe explicar por que a palavra tomou, no Brasil, o significado de brincadeira e de cantoria.

Ademais, não fica restrita à reunião das pessoas munidas de uma série de instrumentos percussivos, além do cavaquinho e, vez por outra, do violão, nos pontos mais variados das grandes cidades do sul e sudeste do país para cantarem pagodes. Grupos como *Negritude Júnior*, dentre tantos outros, favorecem a veiculação dos temas e permitem o vislumbre de jovens pobres das periferias, tanto de São Paulo quanto do Rio de Janeiro, emergirem para o sucesso.

No entanto, em outras partes do Brasil o pagode assume outras manifestações, como o *coco alagoano*, música e dança típica tocada exclusivamente com chocalhos e que congregam pessoas em torno de um tema comum.

Ou então o pagode apresentado numa região oriunda de quilombo no Amazonas, chamada Amarante, tocado com os gafanhotos, que não são outra coisa que castanholas e que congregam toda a comunidade do lugar num verdadeiro espírito de festa.

Assim, o pagode abre esse conjunto infinito de atividades que circula por caminhos às vezes insuspeitos, assumindo variantes, mas que contemplam, sempre, a reunião festiva de pessoas, movidas por um fio, por vezes longo, que as liga aos antepassados e que, como um amálgama, consolidam-nas solidariamente e lhes dão identidade.

> *Nos meus singelos versinhos*
> *O leitor vai encontrar*
> *Em vez de rosas, espinhos*
> *Na minha penosa lida*
> *Conheço do mar da vida*
> *As temerosas tormentas*
> *Eu sou o poeta da roça*
> *Tenho mão calosa e grossa*
> *Do cabo das ferramentas*

TAIPA

Dentre uma vasta gama de conhecimentos socialmente significativos, começaremos nossa viagem pela estrutura da casa.

Durante quase quatrocentos anos os brasileiros desenvolveram uma alta tecnologia na construção de suas habitações. Aprendidas lentamente com as várias culturas indígenas e com as inúmeras culturas africanas que por aqui se amalgamaram, sem esquecermos uma forte contribuição de europeus, a taipa significou, até o século XIX em seu derradeiro momento, o padrão de construção do Brasil.

Taipeiros eram igualmente escravistas, o que demonstra o alto grau de prestígio que a profissão conferia. E não confundamos a taipa com a chamada casa de pau a pique, ou seja, com a precariedade.

A tecnologia da taipa permite a construção de habitações que, além de sólidas, com paredes de espessura de até 30cm, estejam adaptadas ao clima quente, uma vez que sua combinação de barro, areia e certo tipo de terra, prensada por pranchas e socada com pilão, criam uma temperatura interna sempre constante da ordem de 22 graus Celsius.

No entanto, no início do séc. XX, interesses diversos obrigaram a uma alteração nessa forma tradicional de construção de casas. Tijolos e cimento, aliados à ideia de modernidade, contribuíram para a extinção dos taipeiros e todo um saber foi definitivamente erradicado.

Curioso é que hoje, quando o problema da habitação de baixo custo deve ser equacionado, taipeiros norte-americanos oferecem essa tecnologia para que nós, brasileiros, construamos nossas casas de taipa, uma vez que por lá, até mesmo mansões são construídas de taipa. Onde será que eles aprenderam?

Mas, afinal, como se faz uma casa de taipa?

Recomenda David Easton, arquiteto americano vinculado a organizações que promovem a circulação de técnicas de barateamento de custos na construção de casas, que uma construção em terra crua tem de ter "um bom chapéu e um bom par de botas", ou seja, beirais largos e fundações acima do piso.

O local escolhido deve ser plano e ter facilidade para obtenção de terra. A fundação deve ser de concreto armado, com 3 barras de ferro 3/8.

A boa qualidade da taipa depende, principalmente, de 2 etapas: a seleção/dosagem do solo e a compactação.

A porcentagem ideal é de 30% de argila e 70% de areia. Misture e peneire para dissolver e eliminar as raízes e as pedras.

Para saber o volume necessário dessa mistura, a fórmula é simples: m² de parede × espessura da parede × 1,60 = volume de terra necessário em m³.

Construa as formas das paredes em placas de madeira e depois compacte obstinadamente.

Segundo Easton, "os arquitetos devem preocupar-se em criar moradias através do uso inteligente das reservas do planeta".

No Brasil, as experiências de construção de casas de baixo custo sempre funcionam quando aplicam o sistema de mutirão, ou seja, quando toda a comunidade se junta para efetuar o trabalho num terreno, depois no outro e assim por diante, seguindo de perto o dito: "um por todos e todos por um".

Vejamos o que diz Paulo Pereira em seu livro *Negando a tradição: Tebas e a negação das construções de taipa em São Paulo*: "Ao romper com sinais que lembravam o passado, não fez só demolir a taipa. Ao impor a reconstrução da cidade com tijolos, a elite cafeeira fez esquecer o conhecimento do construir com taipa e, sobretudo, relegou as condições sociais para a existência dos taipeiros"[3].

---

[3] Todo o material sobre a taipa foi retirado de um folheto instrucional produzido pelo Instituto Latino Americano.

> *Por força da natureza*
> *Sou poeta nordestino*
> *Porém, só conto a pobreza*
> *Do meu mundo pequenino*
> *Eu não sei contar as glórias*
> *Nem também conto as vitórias*
> *Do herói com seu brasão*
> *Nem o mar com suas águas*
> *Só sei contar minhas mágoas*
> *E as mágoas do meu irmão*
> *De contar a desventura*
> *Tenho sobrada razão*
> *Pois vivo de agricultura*
> *Sou camponês do sertão*
> *Sou caboclo roceiro*
> *Eu trabalho o dia inteiro*
> *Exposto ao frio e ao calor*
> *Sofrendo a lida pesada*
> *Puxando o cabo da enxada*
> *Sem arado e sem trator*

CATIRINA

Depois da estrutura da casa, vamos conhecer a mulher que habita esta casa. Seu nome, Catirina, figura importantíssima de nosso imaginário popular, contrapõe-se à Amélia, que "ficava feliz quando não tinha o que comer". Catirina está grávida e quer comer comidas exóticas e, por que não? A mais exótica de todas: a língua do boi mais querido do patrão de seu marido.

Peço a atenção do leitor. Em qualquer ponto da história do Brasil, a relação entre o patrão e o empregado, entre o senhor e o escravo, sempre que houvesse no meio o produto dessa relação, a terra ou o animal. Avalie novamente sob esta ótica o desejo de Catirina: a língua do boi preferido do patrão.

É desse capricho que surgirá a brincadeira do boi-bumbá ou o folguedo do boi, bumba-meu-boi, boi-calemba, boi-de-reis, boi-mamão, boi, boi-jaraguá, boi-pintadinho.

Embora seja festejado tanto no norte do Brasil quanto no nordeste, hoje em dia é em Parintins, no Amazonas, que se realiza a maior festa popular tendo como tema o Boi-bumbá. Lá, como em todo lugar com pequenas variações, encontramos o entrelaçamento que caracteriza esse tema: o branco, dono do boi, tem o boi roubado pelo negro, auxiliado pelo capataz, o mulato, pelo motivo já descrito acima. Ao final, aparecerá o índio, o pajé, ressuscitador do boi.

Tanto no preparo desta festa, quanto em sua realização, podemos encontrar duas formas de rede atuando. Em primeiro lugar, ressalte-se a organização, o envolvimento de toda uma comunidade em torno de uma brincadeira. A segunda consiste na forma extremamente fluida que uma mesma festa adquire em diversos lugares. Amazonas, Pará, Pernambuco, Paraná, a festa do boi é apropriada por cada grupo que lhe confere transformação. É dinâmica essa apropriação. Se em Parintins a festa adquire ares de carnaval, com a construção de um bumbódromo, em Pernambuco quase se assemelha aos maracatus rurais. Essa outra rede, que transforma a brincadeira segundo a região e as pessoas, é tão importante para o dinamismo desta festa quanto a outra, que envolve as pessoas num sentido comum de convivência.

Tecer a armação do boi, preparar sua cabeça, construir as fantasias, representar os papéis, são o alimento que as comunidades precisam para se constituírem enquanto vizinhanças que interagem.

> *Nesta batalha danada,*
> *Correndo pra lá e pra cá*
> *Tenho a pele bronzeada*
> *Do sol do meu Ceará*
> *Mas o grande sofrimento*
> *Que abala o meu sentimento*
> *Que a providência me deu*
> *É saber que há desgraçados*
> *Por esse mundo jogados*
> *Sofrendo mais do que eu*

MARACATUS

De origem sudanesa, já que tanto a lua crescente, quanto o leão e o elefante fazem parte de seus estandartes (ver a bandeira do Sudão), o maracatu nasceu em Recife, como procissão, embora seus personagens nos remetam à tradição imperial brasileira, com seus reis e rainhas e toda a sua corte.

Mais uma vez, os brincantes se apropriam de todo um arsenal de realeza, de toda uma estrutura de poder para se divertirem com ela. De ritmo mais lento do que o frevo, é em torno da rainha do maracatu e de sua dama do paço que gira a festa, estabelecendo a importância da mulher na organização do espaço social.

Por falar em Rainha, você sabe quem é realmente a rainha do povo? Então, aguarde para ver.

Um exemplo da riqueza e do potencial que a juventude periférica é capaz é o movimento *mangue beat*, no qual o maracatu aparece revigorado por temporalidades surpreendentes, encabeçado pelo falecido Chico Science & Nação Zumbi.

A música que transcrevo a seguir dá uma ideia dessa criatividade, mistura explosiva da necessidade e da consciência que mescla os inúmeros ritmos nordestinos com vibrantes guitarras e baixos:

DA LAMA AO CAOS (CHICO SCIENCE)
Posso sair daqui para me organizar/Posso sair daqui para desorganizar/Da lama ou caos/ Do caos à lama/ Um homem roubado nunca se engana/ O sol queimou, queimou a lama do rio/ Eu vi um Chié andando devagar/ Vi um aratu pra lá e pra cá/ Vi um caranguejo andando pro sul/ Saiu do mangue, virou gabiru/ Oh Josué, eu nunca vi tamanha desgraça/ Quanto mais miséria tem, mais urubu ameaça/ Peguei o balaio, fui na feira roubar tomate e cebola/ Ia passando uma veia, pegou a minha cenoura/ Aí minha veia, deixa cenoura aqui/ Com a barriga vazia/ Não consigo dormir/ E com o bucho mais cheio come-

cei a pensar/ Que eu me organizando posso desorganizar/ Que eu desorganizando posso me organizar/ Da lama ao caos/ Do caos à lama/ Um homem roubado nunca se engana.

> *É saber que há muita gente*
> *Padecendo privação*
> *Vagando constantemente*
> *Sem roupa, sem lar, sem pão*
> *É saber que há inocentes*
> *Infelizes indigentes*
> *Que por esse mundo vão*
> *Seguindo errados caminhos*
> *Sem ter da mãe os carinhos*
> *Nem do pai a proteção*
> *Leitor, a verdade assino*
> *É sacrifício de morte*
> *O do pobre nordestino*
> *Desprotegido da sorte*
> *Como bardo popular*
> *No meu modo de falar*
> *Nesta referência séria*
> *Muito desgostoso fico*
> *Por haver num país tão rico*
> *Campear tanta miséria*

A RAINHA DO POVO

A mandioca, ou pão-de-pobre, é a rainha do povo brasileiro, base alimentar de nossa história, já existia antes mesmo da chegada de Cabral por aqui.

Segundo a EMBRAPA, "o pobre come farinha de mandioca três vezes ao dia. É café misturado com farinha de manhã, farinha com carne-seca ou ovo no almoço e farinha com tapioca ou outro complemento à noite".

Segundo a lenda, a filha de um chefe indígena engravidou virgem. A filha nascida dessa gravidez chamava-se Mani que morreu após o primeiro ano de vida. No local em que foi enterrada nasceu o arbusto cujas raízes é o alimento mais popular do Brasil.

Na região da zona da mata pernambucana ainda é o trabalho comunitário a base de sua produção, feita toda nas chamadas casas de farinha, com equipamentos de madeira e barro, consistindo numa atividade tipicamente artesanal.

O processo começa por uma roda de madeira movida a manivela, que movimenta o caititu, que mói a mandioca, já então colhida e descascada. Para isso é utilizada a chamada mandioca brava, portadora de veneno, cuja pasta é prensada por duas toras ligadas por parafusos esculpidos em troncos, cuja função é justamente eliminar a manipueira, o veneno da mandioca. Em seguida essa massa é peneirada pela urupema, feita de cipó, donde segue para o forno de tijolos de barro. Deve ser mexida com um rolo de pau por duas horas. Está pronta a farinha.

Esse método já era utilizado pelas populações indígenas da época de Cabral.

Na época de nossa independência de Portugal, Cipriano Barata afirmou: "O Brasil pode manter-se independente da metrópole e até da Europa; tem farinha para alimentar-se e algodão para vestir-se".

> *Quando há inverno abundante*
> *No meu nordeste querido*
> *Fica o pobre em um instante*
> *Do sofrimento esquecido*
> *Tudo é graça, paz e riso*
> *Reina um verde paraíso*
> *Por vale, serra e sertão*
> *Porém, não havendo inverno*
> *Reina um verdadeiro inferno*
> *De dor e de confusão*

DOIS DITOS POPULARES

"Macaco velho não mete a mão em cumbuca", dito popular que ressalta a experiência, nasceu inspirado na sapucaia, fruta amazônica que também pode ser encontrada na Mata Atlântica, que tem a forma de uma cumbuca, cujo interior dos gomos serve à alimentação. A criançada sobe na árvore e, com os dedos, arranca os gomos, um a um, pois se enfiam a mão no interior da fruta ela fica presa, um vez que é impossível retirar a mão e os gomos ao mesmo tempo.

"Estar na maior pindaíba" é uma expressão que comumente significa estar sem dinheiro algum e cuja única alternativa é alimentar-se dessa fruta. Ela tem a forma do gomo da pinha, mas é tão pequena e tão sem substância que somente chega para enganar a fome. É nativa da Mata Atlântica e das zonas costeiras do Brasil.

> *Fica tudo transformado*
> *Sofre o velho e sofre o novo*
> *Falta pasto para o gado*
> *E alimento para o povo*
> *E um drama de tristeza*
> *Parece que a natureza*
> *Trata a tudo com rigor*
> *Com esta situação*
> *O desumano patrão*
> *Despede o seu morador*

IEMANJÁ

Por falar em praias, comidas e em presentes, tanto na virada do ano, quanto no dia 2 de fevereiro, a festa para a Mãe das Águas tinge de branco inúmeros pontos da costa brasileira.

O culto a Iemanjá, ou Dona Janaína, faz parte de um intrincado sincretismo que remonta à escravidão e à proibição de que os escravos cultivassem seus próprios deuses. Aproximando as características deles com os santos católicos, os escravos, ao adorarem o Senhor do Bonfim, adoravam, na verdade, Oxalá.

Assim sendo, Iemanjá passou a ser identificada com Maria, a mãe de Deus, embora se estenda numa tríade de divindades iorubas: Nanãburucu, que é comparada a Santa Ana, a avó de Jesus, Iemanjá, comparada a Maria e Oxum, a recebedora de presentes.

Os presentes são oferecidos no dia 2 de fevereiro e aqueles que não são devolvidos pelo mar foram aceit, pela divindade.

Porém, desde dezembro e janeiro, as praias ficam coalhadas de branco, numa alegria que dá gosto de ver.

> *Vendo o flagelo horroroso*
> *Vendo o grande desacato*
> *Infiel e impiedoso*
> *Aquele patrão ingrato*
> *Como quem declara guerra*
> *Expulsa da sua terra*
> *Seu morador camponês*
> *O coitado flagelado*
> *Seu inditoso agregado*
> *Que tanto favor lhe fez*

A PREGUIÇA

O conto que se segue foi retirado do livro de Luís da Câmara Cascudo, *Contos Tradicionais do Brasil*, que por sua vez coligiu de um livro de 1928 chamado *O Folk-lore no Brasil*, de Basílio de Magalhães.

"Estando a filha com dor de parir, saiu a preguiça em busca da parteira. Sete anos depois ainda se achava em viagem, quando deu uma topada. Gritou muito zangada:
— Está no que deu o diabo das pressas...
Afinal, quando chegou em casa com a parteira, encontrou os netos da filha brincando no terreiro."

> *Sem a virtude da chuva*
> *O povo fica a vagar*
> *Como a formiga saúva*
> *Sem folha para cortar*
> *E com a dor que o consome*
> *Obrigado pela fome*
> *E a situação mesquinha*
> *Vai um grupo flagelado*
> *Para atacar o mercado*
> *Da cidade mais vizinha*

AS PARTEIRAS

Uma das grandes redes de saberes e de solidariedade que ainda persistem nesse Brasil é a das parteiras, que trazem a vida em lugares que os sistemas de saúde ainda não chegaram, e por vezes, mesmo onde já estão presentes. E são muitos os lugares e são muitas as pessoas que somente vêm ao mundo sob os cuidados de parteiras, cujo conhecimento passa de mãe para filha, numa tradição quase tão longa quanto a vida humana.

O caso que veremos agora é de uma região do Pará chamada Umarizal, mas se estende a todo o Brasil, numa malha anônima de mulheres extraordinárias.

A pesquisadora Benedita Celeste de Moraes Pinto assim descreve a relação de mulheres que atuam como parteiras:

> *"A função de parteira acaba delegando para essas mulheres uma certa forma de poder e autoridade na vida dos habitantes de Umarizal. Algo compensador e muito gratificante para elas que não ganham dinheiro com isso: 'pegá filho por caridade é uma profissão que Deus dá a graça' (afirma a parteira Raimunda Farias Neri, de 69 anos), mas sentem-se retribuídas por ajudar a nascer e a 'botar no mundo as pessoas'. Conforme os relatos das parteiras, tanto de Umarizal como de outros povoados negros rurais do Tocantins, não há uma idade estabelecida para se tornar parteira. Algumas começam ainda muito jovens, no momento em que sentem necessidades de ajudarem outras mulheres"*[4].

Embora este seja um caso, as parteiras existem em todo o Brasil, tanto no meio rural quanto no meio urbano, constituindo uma vasta rede de solidariedade e de sociabilidade.

---

[4] PINTO, Benedita Celeste de Moraes. **Nas Veredas da Sobrevivência: Memória, Gênero e Símbolos de Poder Feminino em Povoados Amazônicos de Antigos Quilombos.** Dissertação de mestrado. PUC/SP. 1999, p. 160-161.

> *Com grande necessidade*
> *Sem rancor e sem malícia*
> *Entra a turma na cidade*
> *E sem temer a polícia*
> *Vai falar com o prefeito*
> *E se este não der jeito*
> *Agora o jeito que tem*
> *É os coitados famintos*
> *Invadirem os recintos*
> *Da feira e do armazém*

TORÉ

A toré, ou torém, é uma dança e canto guerreiro dos caboclos. Os instrumentos são o pífaros e as trombetas. A dança é realizada com os caboclos empunhando foices, arco, flechas, facões, machados, estacas, martelos. As roupas são vermelhas e o efeito é de uma dança de guerra mesmo. Na frente vai o líder com seu penacho.

Na imagem a seguir você pode observar o mecanismo feito com hélice de automóvel e as engrenagens representando a toré. Foi executado pelo artista Manuel Fontoura, conhecido como Nhô Caboclo. Ouçamos a sua voz:

> *"Eu me chamo assim, não sei como vim antes. Só sei que me chamo assim. Eu não sou índio, como o pessoal diz – eu sou caboclinho –, casco de cuia, venta chata, pele vermelha, gente que não presta nem pra morrer (...) Eu não imito ninguém. Tudo que faço é 'carcatura' minha mesmo (...) Eu fazia qualquer coisa, qualquer lembrança que vinha no 'corgo'. 'Corgo' é um*

sentido, é uma coisa que aquele que não tem o Dom pode ter. Eu não tenho o poder de possuir o Dom, sou perverso, mas tenho o 'corgo', que é a pessoa fechar os olhos e, o que vier no sentido, fazer (...)

Antigamente eu 'prinspiei' a fazer um 'piscui' de acubagem: uma pecinha morta (...) Depois eu peguei a fazer uma peça manual pra trabalhar no vento (...) Agora, hoje eu faço mais uma 'helce', com dois bonecos puxando o toré, que tem quinze bonecos, e o aricuri, que é o de mais bonecos. Se eu botar tudo, é uma sociedade de caboclo inteira (...) Caboclos tem as invenções de seu juízo e só faz o que quer"[5].

O desejo de construir mecanismos "autômatos" acompanha todas as culturas e todas as sociedades. No livro

---

[5] Mostra do Redescobrimento. Brasil + 500. Programa ação educativa. Mapas para viajantes aprendizes de arte. P. 21.

História de Autômatos, de Mario G. Losano, podemos testemunhar esse esforço da humanidade, em todos os tempos, de construir mecanismos autossuficientes.

Alguns exemplos podem ser apresentados.

Citarei dois exemplos: o primeiro chama-se o Pato de Vaucanson. Foi produzido no final do século XVIII e consistia num pato que não somente reproduzia todos os movimentos de um fato de verdade, como comia o milho e, proeza das proezas, produzia dejetos tão convincentes que se diria malcheirosos.

O segundo é um enxadrista, conhecido como enxadrista de Kempelen, pois foi construído pelo Barão Wolfgang von Kempelen (1734-1804), da Transilvânia. Apresentado em 1769 para a rainha Maria Teresa da corte de Viena, vejamos o que diz o autor de um ótimo livro (*História de Autômatos*, de Mário Losano): "O que a corte de Viena viu (não sem astuta encenação da parte de Kempelen) era uma figura vestida de turco e sentada diante de uma mesa em forma de caixa, em cujo tampo se encontrava um tabuleiro, enquanto dos lados apareciam três portinholas e uma gaveta. Esse autômato foi retratado muitas vezes, por diversos autores, em diferentes épocas, de forma que as imagens, embora em essência coincidentes, podem apresentar variações de detalhes" (p. 89).

Anos depois descobriram que, sob o móvel, um jogador de carne e osso manipulava as peças.

Isso nos lembra que no Brasil em geral e no nordeste em particular existe uma longa tradição dos chamados "perpetuístas". Existe até um bom filme sobre isso. Kenoma, com o ator José Dumont no papel de um perpetuísta, ou seja, aquele que busca construir um mecanismo cujo movimento se autorreproduza indefinidamente, produzindo unicamente com a "energia" de seus pêndulos e engrenagens, um movimento perpétuo, daí o nome de "moto perpétuo" para tal mecanismo e de perpetuísta àqueles que procuram essa fórmula "mágica".

> *A fome é o maior martírio*
> *Que pode haver nesse mundo*
> *Ela provoca delírio*
> *E sofrimento profundo*
> *Tira o prazer e a razão*
> *Quem quiser ver a feição*
> *Da cara da mãe da peste*
> *Na pobreza permaneça*
> *Seja agregado e padeça*
> *Um seca no nordeste*

GRUPO CUPUAÇU

Existem atitudes que podem, em pouquíssimo tempo, gerar a empatia em uma variada quantidade de pessoas que, consequentemente, produzem atitudes por sua vez surpreendentes. Quando Tião Carvalho saiu de Cururucu, no Maranhão, a caminho de ensinar dança folclórica no teatro Vento Forte de São Paulo, não imaginava que estava sendo porta-voz da potente artéria que conduz o sangue da cultura entre os lugares mais impróprios e menos plausíveis de se intercomunicarem.

Um grupo de alunos seus resolveu promover a festa do Bumba-meu-boi na comunidade do Morro do Querosene. Assim surgia o grupo Cupuaçu.

Nessa manifestação cultural, o Bumba-meu-boi assume um cunho mais social e suas toadas estão carregadas de críticas político-sociais.

Veja esta de Henrique Menezes: "a moda agora é festejar quinhentos anos que o país vai completar; tenho vergonha do que vou falar, mas a verdade não posso calar: os donos da terra já não têm onde morar e nossas riquezas tão querendo acabar".

No entanto, esse grupo não fica somente na crítica social. No dia 19 de Junho de 2000 se apresenta em frente à CDHU (Companhia de Desenvolvimento Habitacional e Urbano) em apoio à greve dos funcionários que ali ocorria.

Assim, a circulação de uma festa que migra do Maranhão e se amolda à realidade e à especificidade de uma comunidade urbana de uma das maiores cidades do mundo, modificando-se sem, contudo, perder o encantamento e o poder de reunir pessoas em torno do prazer de se confraternizarem no preparo da festa, que ocorre pelo menos três vezes ao ano.

> *Por causa desta inclemência*
> *Viajam pelas estradas*
> *Na mais cruel indigência*
> *Famílias abandonadas*
> *Deixando o céu lindo e azul*
> *Algumas vão para o sul*
> *E outras para o Maranhão*
> *Cada qual com sua cruz*
> *Se valendo de Jesus*
> *E do padre Cícero Romão*

FEIJOADA

Dizem que a origem desse prato, que é preferência nacional, nos remete ao tempo da escravidão e nos chega literalmente pela via oral. Conta-se que quando na casa-grande se preparavam porcos para as refeições, nunca aproveitavam suas partes menos nobres tais como as orelhas, as patas, o rabo, o fígado e os miúdos, etc. Então essas partes eram dadas aos escravos que cozinhavam tudo isso no feijão e acabaram por instituírem o prato mais famoso do Brasil.

Chico Buarque de Hollanda compôs *Feijoada Completa* em homenagem a essa unanimidade e aparece aqui como uma receita do prato:

> *Mulher*
> *Você vai gostar*
> *Tô levando uns amigos pra conversar*
> *Eles vão com uma fome que nem te conto*
> *Eles vão com uma sede de anteontem*
> *Salta cerveja estupidamente gelada prum batalhão*
> *E vamos botar água no feijão*
> *Mulher*
> *Não vá se afobar*
> *Não tem que pôr a mesa nem dá lugar*
> *Ponha os pratos no chão e o chão tá posto*
> *E prepare as linguiças pro tira-gosto*
> *Uca, açúcar, cumbuca de gelo, limão*
> *E vamos botar água no feijão*
> *Mulher*
> *Você vai fritar*
> *Um montão de torresmo pra acompanhar*

Arroz branco, farofa e a malagueta
A laranja bahia ou da seleta
Joga o paio, carne-seca, toucinho no caldeirão
E vamos botar água no feijão
Mulher
Depois de salgar
Faça um bom refogado que é pra engrossar
Aproveite a gordura da frigideira
Pra melhor temperar a couve mineira
Diz que tá dura, pindura, fatura no nosso irmão
E vamos botar água no feijão

Composta em 1978, essa música realça o principal mérito da feijoada: sua impossibilidade de se realizar na solidão. A feijoada é um prato que se saboreia coletivamente.

No entanto, segundo os pesquisadores, a feijoada circulou pelos países de língua portuguesa. Desde o período colonial, a corte portuguesa esteve preocupada com a sobrevivência, tanto de suas tropas além-mar quanto de seus colonos. Assim, fez circular o milho para as feitorias da África. Hoje, ali, esse alimento participa da dieta africana quando então era apenas da americana.

A feijoada surgiu do hábito do período colonial de se colocar no feijão a carne salgada, ou charque e, embora criada no Brasil, a feijoada pode ser encontrada, com relativas variações, em muitos outros países colonizados pelos portugueses.

Um exemplo do prato em alguns países, levantados pela historiadora Cherie Hamilton:

Portugal: Feijão-branco ou vermelho, paio, chouriço de sangue, pernil e orelha de porco, azeite de oliva, tomate, cenoura e cebola. Serve-se com arroz.

Cabo Verde: Milho quebrado (quirera), feijão-manteiga, favas, galinha, linguiça, chouriço de sangue, costela de porco, repolho, abóbora, banana verde, inhame, batata-doce e inglesa, azeite de oliva, louro e coentro.

Moçambique: Feijão-branco ou vermelho, costela e pé de porco, paio, nabo, cenoura, cebola e pimenta-malagueta. Serve-se com arroz.

Timor Leste: Feijão-vermelho, orelha, costela e pé de porco, linguiça, chouriço de sangue, colorau e couve. Acompanham arroz e uma compota salgada de tomate.

Goa (Índia): Feijão-fradinho, carne de porco, linguiça condimentada com especiarias e pedaços de gengibre.

Macau: Feijão-branco ou vermelho, carne e pé de porco, linguiça chinesa defumada (carne de porco com soja, *shoyu* e álcool de cereais), nabo, cenoura, tomate, repolho e alho[6].

> *Nestes medonhos consternos*
> *Sem meios para a viagem*
> *Muitas vezes os governos*
> *Para o sul dão a passagem*
> *E a faminta legião*
> *Deixando o caro torrão*
> *Entre suspiros e ais*
> *O martírio inda mais cresce*
> *Porque fica quem padece*
> *E quem parte sofre mais*

---

[6] Estas últimas informações sobre o trânsito da culinária colonial estão no livro de Cherie Hamilton, **Cuisines of Portuguese Encounters (cozinhas dos descobrimentos portugueses)** ainda sem edição em português. A revista **Veja** dedicou-lhe uma matéria em 1º de novembro de 2000. Nº 44, p. 80-81.

OS CHIFRES

Numa cultura prenhe de relações com os bovinos, seria ingenuidade imaginar que poderíamos nos livrar de símbolos fortes que essa categoria de animal nos imprime.

Animal presente de norte a sul do país e de largo tempo e convívio com nossa história, nos ocuparemos aqui com apenas uma parte desse nosso fraterno companheiro: os chifres.

Não são poucas as piadas sobre os chifres, principalmente quanto à honradez ou à cupidez do sujeito. "Chifrudo" passou a ser sinônimo de homem traído, assim como "corno", embora esta segunda variante o aproxime do tolerante, daquele que aceita passivamente seu destino, enquanto a primeira supõe perigo.

No entanto, existem lendas que aproximam os chifres da felicidade. Vejamos uma delas que vem do Rio Grande do Sul e nos é apresentada na linguagem dos quadrinhos por Flávio Colin:

> O BOI DAS ASPAS DE OURO
> (adaptação de um lenda gaúcha)
> *Naqueles remotos tempos, a campanha rio-grandense era uma vastidão deserta, sem cercas nem tapumes, onde vagueava a indiada nômade junto a galheiros e nhandús.*
>
> *Espalhou-se, então, por todos os rincões, a história de um boi misterioso que vivia nas furnas de caaporã. Suas aspas eram de ouro e – diziam os índios – quem fosse dono dele seria dono da felicidade.*

Por isso, muitos homens largaram seus pagos e embretaram por aqueles ermos distantes em busca do boi fabuloso... os poucos que regressaram contavam histórias espantosas, que esporeavam fundo a imaginação e a ambição das gentes...

Alguns chegaram a laçá-lo, mas ele rompera os laços. Outros conseguiram cercá-lo, mas ele escapara, desaparecendo misteriosamente nas furnas de caaporã...

E todos voltaram sucumbidos, sem mais esperanças de capturar o boi das aspas de ouro, que – diziam os índios – era o boi da felicidade..."[7].

Não podemos nos esquecer que em outras culturas a figura do boi está ligada à virilidade e o "Moisés", de Michelangelo, ostenta um belo par de chifres, sinônimo de ser o gerador de toda uma raça de fortes.

> *O carro corre apressado*
> *E lá no sul faz "desejo"*
> *Deixando desabrigado*
> *O flagelado cortejo*
> *Que procurando socorro*
> *Uns vão viver pelo morro*
> *Um padecer sem desconte*
> *Outros pobres infelizes*
> *Se abrigam pelas marquises*
> *Outros debaixo da ponte*
> *Rompendo mil empecilhos*

---

[7] COLIN, Flávio. **O Boi das Aspas de Ouro**. S. Paulo: Ed. Escala, 1997.

> *Nisto tudo o que é pior*
> *É que o pai tem oito filhos*
> *E cada qual o menor*
> *Aquele homem sem sossego*
> *Mesmo arranjando um emprego*
> *Nada pode resolver*
> *Sempre na penúria está*
> *Pois o seu ganho não dá*
> *Para a família viver*

FEIRAS

"Moça bonita não paga, mas também não leva!"

Quem já frequentou uma feira livre, com certeza, já ouviu a frase acima, pronunciada em voz aguda por algum vendeiro, na grande algazarra que aquele ambiente produz.

Em quase todas as cidades brasileiras, elas existem como um ponto de encontro com hora e dia marcados.

Aparecem como que por mágica, na escuridão da madrugada.

Barracas, barracas, barracas...

Trata-se da feira livre, um lugar de mistério e surpresas.

Procure percorrê-la, ora descompromissada, ora rigorosamente, como se portador de um guia.

Podemos identificar basicamente três tipos distintos de feiras: aquelas voltadas para o abastecimento cotidiano das cozinhas; aquelas voltadas para o artesanato e aquelas que comercializam os produtos industrializados/falsificados.

Pensemos na enorme rede de sociabilidades que a feira produz, mas pensemos igualmente na "xepa", aquele momento inusitado que regula os preços para aqueles que quase nada têm.

Mercado persa, mercado de pulgas, a feira existe para a convergência e para o encontro. Gamela, pimenta de cheiro, macaxeira, aipim, pastel, chinelo de dedo, calça *jeans*, discos raros, miniaturas, peixes variados, panelas de ferro. A lista é quase impossível de ser enunciada, tamanha variedade e riqueza de seus produtos.

Encalacrada na viagem final dos romeiros, tanto quanto na esquina de nossas ruas, algumas feiras desvelam universos... multiversos. É o caso da feira de Acarí, no Rio de Janeiro, ou da Ver-o-peso, em Belém do Pará. Caruaru e Caxixi são outras feiras conhecidas internacionalmente. Aparecida do Norte... As grandes feiras agrícolas e as sofisticadas feiras de automóveis são outros exemplos de possibilidades de encontros; uma Ferrari e um bonequinho feito de barro pintado à mão, ambos estão expostos nesses ambientes que fundem olho e paladar, tato, olfato e contato.

Mas, em todos os casos, é o trabalho em rede que conta, a enorme e vasta rede na qual a solidariedade, o reconhecimento e a união produzem horas de um contato humano total.

> *Assim mesmo, neste estado*
> *O bom nordestino quer*
> *Estar sempre rodeado*
> *Por seus filhos e a mulher*
> *Quanto mais aumenta a dor*
> *Também cresce o seu amor*
> *Por sua prole adorada*
> *Da qual é grande cativo*
> *Pois é ela o lenitivo*
> *De sua vida cansada*

RAP OU *HIP-HOP*?

A voz das ruas, cujos emissores são jovens de periferia, conscientes de que vivem fora dos "muros" e loucos para darem seu alerta, seu grito, seu ganido.

O tom monocórdio dessa fala, a batida forte, quase tribal, as posturas, tudo isso contempla um registro.

Há muitos anos, quem viajasse pelo Brasil podia ver em quase todo lugar uma inscrição repetida em pedras, em fachadas, em placas: *Juneca e Pessoinha*. Esse registro, de outra ordem, parecia querer dizer: *estivemos aqui, existimos*.

Juneca hoje dá curso de grafite, que é uma das expressões plásticas do *rap*. As outras são o MC, o mestre de cerimônia, o DJ, o *disc jockey*, e a dança, o *break*.

São grupos que anseiam por visibilidade, que emergem do caldo do anonimato através de expressões e "recados".

Sobre a importância do *rap* para as comunidades pobres de muitos lugares desse Brasil, recomendamos o ótimo documentário *O Rap do Pequeno Príncipe contra as Almas Sebosas*. De Marcelo Lunas e Paulo Caldas, conta a história de dois moradores de uma favela no Recife que seguem por caminhos bem diferentes. Enquanto um deles vira cantor de *rap*, o outro entra para a vida do crime. Nesse documentário, o código de ambos os mundos podem ser avaliados.

> *A pobre esposa chorosa*
> *Naquele estranho ambiente*
> *Recorda muito saudosa*
> *Sua terra e sua gente*
> *Relembra o tempo de outrora*
> *Lamenta, suspira e chora*
> *Com a alma dolorida*
> *Além da necessidade*
> *Padece a roxa saudade*
> *De sua terra querida*

A LUTA HUKA-HUKA

No grande vale do Xingu, inúmeras tribos indígenas possuem, entre suas práticas rituais, a luta huka-huka.

Ela consiste em que guerreiros se posicionem dois a dois, olhando-se fixamente a uma certa distância e que batam cada um os pés no chão sonoramente, produzindo um círculo que se estreita cada vez mais, até que se atracam.

É uma luta que segue precisas regras éticas que evitam a ocorrência de algum ferimento ou acidente e, principalmente, que evitam a diminuição de qualquer um dos contendores.

Tem um caráter muito mais lúdico do que bélico, embora sirva como um treinamento e una toda a comunidade da aldeia e, muitas vezes, interaldeias, em torno de sua realização. É um verdadeiro ritual!

É uma luta muito semelhante ao sumô e à luta greco-romana, e o lutador que tocar a parte de trás da coxa do oponente vence a batalha.

Ao final dos combates, todos os contendores se abraçam, numa clara demonstração do verdadeiro espírito que a luta traduz.

> *Para um pequeno barraco*
> *Já saíram da marquise*
> *Mas cada qual o mais fraco*
> *Padecendo a mesma crise*
> *Porque o pequeno salário*
> *Não dá para o necessário*
> *Da sua manutenção*
> *E, além disso, falta roupa*
> *E sobre sacos de estopa*
> *Todos dormindo no chão*

ENCHIMENTO DE LAJE

Prática muito comum nas periferias mais carentes das grandes cidades, o enchimento de laje é uma ótima oportunidade para unir dois polos importantes na vida de uma pessoa. É quando o sonho da casa própria se realiza e deve ser compartilhado por todos aqueles que pertençam ao círculo de amizade do contemplado.

Geralmente ocorre num sábado ou domingo e resume-se basicamente nisso: quando falta apenas a laje da casa, ou cômodo, para ser enchido, o dono da casa convida alguns amigos para ajudar na tarefa. Então todos, logo bem cedinho, colocam, literalmente, a mão na massa. Ao som de música estridente (embora esse item nem sempre esteja presente), o grupo de amigos enche a laje.

O trabalho não se encerra sem que o dono da casa ofereça um saboroso churrasco regado com cerveja. Toda a tarefa é tratada com muitas brincadeiras e o resultado final geralmente é satisfatório, afinal não se conhece nenhum desses telhados que tenha despencado na cabeça de seus moradores.

> *Naquele ambiente estranho*
> *Continua a indigência*
> *Rigor de todo tamanho*
> *Sem ninguém dar assistência*
> *Aquela família triste*
> *Ninguém vê, ninguém assiste*
> *Com alimento ou com veste*
> *Que além da situação*
> *Padece a recordação*
> *Das cousas do seu nordeste*

CHÁ DE COZINHA E CHÁ DO BEBÊ

O chá de cozinha é uma reunião que muito se assemelha à despedida de solteiro dos rapazes. As mulheres se concentram numa determinada casa, geralmente a da noiva, e promovem inúmeras brincadeiras que apenas elas conhecem. Esse encontro é proibido para os homens.

Já o chá de bebê é uma forma bastante comum e frequente de compartilhar a proximidade do nascimento de uma criança.

Os hábitos de consumo vêm requisitando cada vez mais o desdobramento de celebrações importantes, mas que congregam as pessoas e potencializam as sociabilidades.

A preparação do evento tem início bem antes de sua realização, com a futura e próxima mãe produzindo, ela própria, com o auxílio de parentes, os convites. Geralmente, nesses mesmos convites já vem descrita a prenda que se pretende, para evitar repetição de presentes. Esses presentes, como se imagina, são roupas e objetos que a mãe terá necessidade nos primeiros meses de vida do rebento.

Mais recentemente, a presença masculina é acentuada, na medida em que o pai tem se liberado de um passado em que era inadmissível ao homem qualquer demonstração de afeto mais contundente.

De qualquer modo, é um dos redutos coletivos das mulheres.

Nas famílias mais pobres, mas nem sempre, existe outra tradição que é a passagem do enxoval de um bebê para outro, irmão, vizinho, amigo da família, etc. Assim, cria-se uma rede de solidariedade que liga uma geração à outra.

> *Meu leitor não tenha enfado*
> *Vamos ver mais adiante*
> *Quanto é triste o resultado*
> *Do nordestino emigrante*
> *Quero provar-lhe a carência*
> *O desgosto e a inclemência*
> *Que sofre o pobre infeliz*
> *Que deixa a terra onde mora*
> *E vai procurar melhora*
> *Lá pelo sul do país*

O CARNAVAL

Quando vemos a festa do carnaval, seja aquela imensa e luxuriante "para inglês ver", seja aquela de parcos blocos que desfilam sua algazarra pelas ruas da cidade pequena, talvez não nos damos conta do complexo e imenso envolvimento de toda a comunidade na preparação desse acontecimento.

A construção das fantasias, o ensaio das músicas e dos passos, a preparação dos carros alegóricos, a técnica, a energia e a ansiedade que isso envolve, além das inúmeras conexões interpessoais, tornam a festa do carnaval um verdadeiro símbolo daquilo que de melhor as pessoas, conjunta e solidariamente, produzem. O resultado final não podia ser outro: alegria, alegria!!

Mas não foi sempre assim. Vamos ler um pouco dessa história neste artigo de jornal sobre os antigos carnavais:

"Blocos já foram da elite e dos subversivos. Estilo parisiense influenciava foliões.

O popular Carnaval de rua de hoje já foi chique, seleto e serviu como estratégia para atrair investidores estrangeiros.

Era a época dos passeios em carros enfeitados pela avenida Paulista, em São Paulo, e pela avenida Rio Branco, no Rio.

'No começo do século, o país imitava a Europa e negava suas próprias tradições indígenas em busca do capital estrangeiro', diz Maria Inez Machado Borges Pinto, professora de história do Brasil e de Cultura da USP.

Prova disso é que os jornais do início do século retratavam a influência das festas parisienses ao descrever, no Rio e em São Paulo, o Carnaval – festa que anos mais tarde se tornaria expressão máxima do nacionalismo de Getúlio Vargas, na década de 30.

De um lado, a polícia reprimia as manifestações populares nas ruas, consideradas subversivas. Do outro, garantia a segurança nos desfiles das elites.

O entrudo – festa popular herdada dos portugueses e que significava luta de água e detritos nas ruas – estava proibido durante o carnaval, mas não banido. 'Faltaram policiais para controlar a população', explica a professora.

A estratégia de conter a exploração do Carnaval de rua começa a ruir na década de 20, com o surgimento dos cordões e, em seguida, dos blocos carnavalescos.

Em São Paulo, o jeito encontrado pelos foliões para burlar o preconceito foi aproximar-se da polícia. Em 1914, os grupos partiam da casa de um tenente, em Perdizes, e seguiam até o Pátio do Colégio, no vale do Anhangabaú, onde ficava a Delegacia Central. Era o início de uma nova fase, que levaria ao surgimento das escolas de samba"[8].

> *O pobre no seu emprego*
> *Seguindo penosos trilhos*
> *Seu prazer é o aconchego*
> *De sua esposa e seus filhos*
> *Naquele triste penar*
> *Vai outro emprego arranjar*
> *Na fábrica ou no armazém*
> *À procura de melhora*
> *Até que a sua senhora*
> *Tem um emprego também*

O *LUTHIER*

O *luthier* é um artesão que trabalha sozinho!

Primeiro escolhe cuidadosamente a madeira. Depois aplica-lhe uma série de produtos e a coloca para descansar. Durante meses essa madeira especial aprimora suas fibras para a sonoridade e para a acústica perfeita. Então,

---

[8] SILVA, Alessandro. Jornal **Folha de S. Paulo** de 04/03/2000. Cad. 3, p. 6.

em alguma tarde perdida no tempo, o *luthier*, munido de suas ferramentas, começa a esculpir aquela que sempre é sua obra-prima. Um verdadeiro artesão sempre faz da sua melhor peça a última. É o seu canto do cisne, como se diz.

Magicamente, as formas do instrumento vão sendo reveladas. Aplicada às formas, a madeira responde resistente às curvas. O braço recebe as marcas e as travas emolduram a coroa.

Um bom luthier leva até seis meses para fazer um bom violão ou uma boa viola. Na solidão de sua arte não esquece que seu instrumento irá servir para o deleite e para a confraternização de muitos.

Vejamos essa moda de viola, cujo autor desapareceu nas brumas do tempo:

O BRASIL É MEU LAR
Há! O Brasil é meu lar, foi o lar onde eu nasci,
Foi aonde eu aprendi ler escrever e cantar
O Brasil é meu lar, foi o lar onde eu nasci, foi
Aonde eu aprendi ler escrever e cantá/contá...
Brasil a terra dos índios acredite cidadão e
Acredite meu irmão e tá em primeiro lugar
Primeiro começô cuns índiu acrediti camarada
Mai tá uma misturada duns ano desse pra cá
Eu digo na imbolada qui'eu quéru cantar aqui
Falá in'quê'u guarani sem deixá nada fartá
E falá no índiu Tupy cum coragem mai de mil, é
Índiu do meu Brasil agente tem quê apoiá
Vim du país du Brasil, meu país qui'é brasileiru

Acredite companheiro aqui tem tudo no lugar
E mudou tudo companheiro depois veio os
Holandeses depois veio os portugueses pra morá
No meu lugar
Depois veio os portugueses acredite cidadão e
Hoje aqui meu irmão tem tudo que procurá
Mas o Brasil meu caro irmão e eu digo em um
Sigundu é o meu país melhor do
Mundo é um lugar bom di morá
É u país melhor do mundo eu digo nesta cidade
Qui a gente tem liberdade em
Tudo pra passear
Meu Brasil tem qualidade eu vou dá um conselho
A tu, ciranda, maracatu bumba-meu-boi e carnavá
Ciranda, maracatu e tem côco tem imbolada
Cantoria, vaquejada tem samba e tem carnavá
O meu Brasil não farta nada não mudou meu
Ideal no tempo de carnaval todo mundo vem pra cá
O meu Brasil tem berimbau, tem forró tem
Capoeira, cabra aqui dá uma rateira derruba o
Outro destá
Aqui tem muita brincadeira que ninguém não
Se incomoda mermo num côco di roda
Todo povo gosta de samba
Aqui tem côco de roda tem ciranda tem baião
Iapréta combinação eu canto a gota qui mandá
Brasil não farta nada não, nosso Brasil é di bem
Nada farta, tudo tem, você pode confiar
No meu Brasil tudo tem, acredite cidadão

I eu cum pandeiro na mão a embolada vou andá
Eu adoro meu Brasil, aqui tá tudo misturado
Eu canto maravilhado sem a língua bambiá
Olha aqui tem japoneis também tem americano
E também tem africano você pode acreditá
O Brasil é meu lar, foi o lar que eu nasci, foi
Aonde eu aprendi lê escrever e contá
O Brasil é meu lar, foi o lar onde eu nasci, foi
Aonde eu aprendi ler escrever e cantar.
O Brasil é meu lar..."

Essa música canta não somente a alegria de ser brasileiro, mas a enorme variedade de festas que reúne pessoas das mais diferentes origens ou procedências, do intelectual ao caboclo, do mais tímido ao mais abusado, do rico ao pobre. Em algum momento, cada um de nós já experimentou o prazer dessas múltiplas relações e o som da viola, calibrado com a emoção que alguma parte de nós ainda reconhece, como uma memória ou um atavismo.

Vale lembrar aqui o músico Elomar, um homem que vive no sertão nordestino, cria cabras e estabelece um contraponto erudito ao instrumento. Suas peças, óperas sertanejas, concertos sinfônicos, cantorias, toadas e canções estabelecem a síntese e a fusão que removem as fronteiras que alguns insistem em colocar entre o erudito e o popular.

LITERATURA DE CORDEL

O nome desses livrinhos decorre da forma com que são vendidos. Geralmente em feiras e locais públicos de todo o Brasil, pendurados em cordões ou barbantes, com suas capas sempre feitas em xilogravuras, cujos motivos são tão variados quanto seus temas e assuntos.

Contudo, não devemos jamais menosprezá-los ou inferiorizá-los diante de outras formas de literatura em particular e de outras formas de manifestações culturais em geral.

É uma literatura bastante complexa, uma vez que aspira tanto ao rápido entendimento de quem a lê quanto ao fato de quase contar as histórias que oralmente, de boca em boca, vêm passando de uma geração para outra ao longo do tempo.

Um dos grandes representantes da literatura de cordel é Patativa do Assaré, um homem cujo nome conseguiu ultrapassar a fronteira que geralmente separa esta forma de literatura daquela mais consagrada como erudita.

O exemplo que segue deve servir para desmistificar essa separação, unindo o fazer literário num grande, imenso compósito de signos que são manipulados pelo escritor seguindo sua formação, sua sensibilidade e seu peculiar modo de comunicar-se com seus semelhantes.

Você vem acompanhando nos BOXES uma história que irá percorrer todo este livro. O título é o que segue e a leitura continua... **Emigração e suas Consequências.**

> *Se por um lado melhora*
> *Aumentando mais o pão*
> *Por outro lado piora*
> *A triste situação*
> *Pois os garotos ficando*
> *E a vida continuando*
> *Sem os cuidados dos pais*
> *Sozinhos naquele abrigo*
> *Se expõem ao grande perigo*
> *Da vida dos marginais*
> *São crianças desvalidas*
> *Que os pais não lhes dão sustento*
> *As mães desaparecidas*
> *Talvez no mesmo tormento*
> *Não há quem conheça o dono*
> *Desses filhos do abandono*
> *Que sem temerem perigos*
> *Vão esmolando, furtando*
> *E as vezes até tomando*
> *O dinheiro dos mendigos*

A história contada por Patativa do Assaré dá conta de um destino dos emigrantes. No entanto, devemos nos atentar para o imenso potencial de resistência e de organização das pessoas, capazes de forjar, num ambiente novo, velhas formas de sociabilidades. Em São Paulo, dentre tantos lugares que os migrantes elegeram, o CTN, Centro de Tradições Nordestinas, nos fica como um reduto de preservação da cultura nordestina e é visitado por milhares de pessoas, inclusive de outras regiões do país.

Nesse sentido, a literatura de cordel é um eficaz condutor da cultura de uma vasta camada da população, uma vez que essas mesmas pessoas, nesse trânsito, carregam consigo suas tradições da mesma forma que assimilam novas formas de ver o mundo, produzindo um amplo espectro de comportamento e de atuação que nos revela uma imensa riqueza manifestada em redes de solidariedade, tanto no interior do seu grupo quanto fora dele.

Se formos nos indagar sobre a origem dessa forma de literatura, chegaremos aos cantos de cavalaria da Idade Média. Não custa lembrar que um desses cantos que chegaram até nós é *Dom Quixote de La Mancha*, de Miguel de Cervantes, um livro considerado tão erudito quanto qualquer outro bom livro e como qualquer outra boa história, que no fundo, no fundo, é o que interessa: contar uma boa história, usando os recursos de que dispomos para estabelecer a comunicação entre os nossos pares e para gerarmos a reflexão, a única conselheira contra a maioria das besteiras dessa vida.

SINAPISMO

O conhecimento das pessoas chamadas "comuns" de ervas e chás e outros medicamentos eficazes para a cura e o alívio de determinadas doenças, felizmente, hoje em dia, já é reconhecido pelas próprias empresas farmacêuticas que enviam estudiosos dos países do chamado "primeiro mundo" para vasculharem as nossas florestas não somente à caça dos herbários que servirão de substância ativa para vários remédios, mas, e principalmente, em busca de pajés e curandeiros indígenas para sondarem seus conhecimentos milenares.

O sinapismo é apenas um desses modos de que misteriosamente as pessoas preservaram, de um tempo em que quem praticava a "medicina" eram ex-escravos que, juntamente com as curas por meio de determinados procedimentos, também faziam barba e cabelo, sangria e ventosa.

O sinapismo consiste em se amassar um punhado de alho e envolvê-lo em bandagens, de tal sorte que o alho não toque na pele da pessoa. É recomendado para qualquer tipo de dor, tanto muscular quanto interna. No local da aplicação, a temperatura aumenta rapidamente e o contato do alho diretamente com a pele pode provocar queimaduras profundas e perigosas. Dizem que o sinapismo "chupa" a dor e, com efeito, a dor realmente desaparece.

> *Eles ficando sozinhos*
> *Logo fazem amizade*
> *Em outros bairros vizinhos*
> *Com garotos da cidade*
> *Infelizes criaturas*
> *Que procuram aventuras*
> *No mais triste padecer*
> *Crianças abandonadas*
> *Que vagam desesperadas*
> *Atrás de sobreviver*

JOGO DE PETECA

Não há explicações plausíveis para os caminhos que determinados eventos percorrem. Caso típico é o jogo de peteca, que consiste em arremessar um artefato geralmente feito de couro e que é recheado por areia num formato de um saquinho. Na parte superior, coloca-se penas de aves para favorecer o equilíbrio.

Tal prática foi detectada no século XVI, no Japão, para treinamento dos exércitos do Imperador. Da mesma forma, apareceu alguns séculos antes na Inglaterra e tinha a função de prever o futuro. Quando os portugueses por aqui chegaram, nossos indígenas já praticavam esse jogo que ainda hoje as crianças de inúmeros países o jogam e alguns adultos também.

> *Esses pobres delinquentes*
> *Os infelizes meninos*
> *Atraem os inocentes*
> *Flagelados nordestinos*
> *E estes com as relações*
> *Vão recebendo instruções*
> *Com aqueles aprendendo*
> *E assim, mal acompanhados*
> *Em breve aqueles coitados*
> *Vão algum furto fazendo*

AS BRUXAS DA LAGOA DA CONCEIÇÃO

Em Floripa, capital de Santa Catarina, além das ótimas praias para a prática do *surf*, existe uma grande lagoa em torno da qual se estabeleceram inúmeras comunidades de pescadores. Barra da Lagoa, Canto da Lagoa, são lugares que a população daquela região conhece bem.

Em sua grande maioria, as pessoas que ali vivem são descendentes de açorianos e, principalmente os mais velhos, adoram contar histórias.

E a história que mais se conta ali diz respeito à existência de bruxas por toda aquela grande lagoa, chamada Lagoa da Conceição.

Segundo essas pessoas, as próprias bruxas não têm ideia de sua transformação, mas o certo é que durante a noite, transformadas, as bruxas da Lagoa da Conceição vão atrás de suas vítimas prediletas: os recém-nascidos.

Segundo Francisca Pires Jaques, uma benzedeira de 90 anos de idade e que mora no Canto da Lagoa, as bruxas "entram pelo buraco da chave e vão procurar as criancinhas para chupar o céu da boca" e completa "decerto dói porque elas choram muito".

A criança "embruxada" pode abandonar esse estado com reza de benzedeira; com determinado tipo de banho, que consiste no seguinte: "Numa vasilha você põe um Senhor crucificado e uma água esperta (morna); depois do banho, tira o crucifixo e joga a água no sol". Quem recomenda é outra benzedeira, Olga Silvério de 76 anos; ou prevenindo desde o nascimento, guardando a primeira camisa do bebê e, no caso do embruxamento, juntando com espinhos de laranjeira, socando tanto a camisa quanto os espinhos no pilão. "Se quando estivessem socando a camisinha chegasse alguém e perguntasse o que era aquilo, aquela pessoa é que era a bruxa que tinha atacado a criança", diz Olga.

No entanto, o melhor mesmo é colocar um pedaço de pano branco na fechadura ou deixar sob o berço da criança uma tesoura aberta. Em ambos os casos a bruxa é repelida.

Não são poucos os casos que se contam de embruxamentos por aquelas bandas e o caso serve para explicar fenômenos que a racionalidade pura e simples não dá conta. Em todos os casos, como são sempre mulheres, pode ocultar o poder feminino, que os homens sempre temem.

Numa reportagem do jornal *O Estado de S. Paulo*, de 23 de julho de 2000, um pescador conta sobre uma bruxa que ficava sentada sobre uma figueira: "cada vez que alguém passava embaixo, ela dizia: olha que eu caio..."; Andrino de Oliveira, 79 anos, diz que um bêbado passou sob a árvore e desafiou a bruxa a cair: "ela despencou dentro de uma canoa, que saiu pelo mar que nem vento e desapareceu".

Para a pesquisadora Sonia Weidner Maluf, da Universidade Federal de Santa Catarina, "as narrativas sobrevivem mesmo à invasão turística porque são flexíveis e representam uma fronteira simbólica. Com as fronteiras geográficas tão confusas, contar histórias de bruxas é uma forma de dizer que se pertence a um grupo".

Vale, aqui, lembrar a frase de Shakespeare, que já é quase um dito popular: "existem mais mistérios entre o céu e a terra do que pode imaginar nossa vã filosofia".

> *Os pais voltam dos trabalhos*
> *Cansados, mas destemidos*
> *E encontram os seus pirralhos*
> *No barraco recolhidos*
> *O pai dizendo gracejo*
> *Dá em cada qual um beijo*
> *Com amorosos acenos*
> *Cedo do barraco sai*
> *Não sabe como é que vai*
> *A vida dos seus pequenos*

NAS TRILHAS DE SUMÉ: UMA LENDA

Segundo algumas tribos indígenas, muito antes do achamento do Brasil, chegou por aqui um homem branco que procurou inculcar nos nativos uma série de ensinamentos morais, além da arte de cultivar a mandioca e a banana. Repelido por eles, escapou por um caminho de pedra em direção ao oeste.

Segundo alguns, Sumé ou Zomé seria o próprio São Tomé e o caminho que se utilizou para fugir dos silvícolas ligaria o sertão nordestino diretamente com a cidade inca de Machu Pichu, no interior dos Andes. Tanto a mandioca quanto a banana adotaram o nome de São

Tomé; quanto ao caminho, muitos ainda o procuram na laje árida do solo nordestino.

Na década de setenta, dois músicos produziram um disco recuperando de certo modo essa lenda. Zé Ramalho e Lula Cortês lançaram *Paebirú*, adaptando a lenda aos psicodélicos parâmetros que então vogavam. Vejamos essa letra:

> *Sumé o cariri/ fica perto desse mar/ Fica perto da tranquilidade/ Da tranquilidade desse mar/ Peixe de pedra e espinhos no homem de ferro/ Igualdade/ Entre a luz e a linha reta que delineia o horizonte/ Pelo vale de cristal/ Acredite de quiser/ O viajante lunar desceu num raio laser/ Num radar/ Com sua barba vermelha desenha no peito/ A pedra do Ingá/ Sumé dizei à flor/ A mim mesmo e a meu irmão/ Que mensagens/ Que caminhos/ Que traços estão nesse chão?/ Onde fica tua estrela?/ Quanto é daqui para Marte?/ Quanto pra Plutão.*

> *No dia seguinte os filhos*
> *Fazem a mesma viagem*
> *Nos seus costumeiros trilhos*
> *Na mesma camaradagem*
> *Com os mesmo companheiros*
> *Aqueles aventureiros*
> *Que na maior anarquia*
> *Sem terem o que comer*
> *Vão rapinagem fazer*
> *Para o pão de cada dia*

HAPPY HOUR E CAFEZINHO

Embora o nome seja estrangeiro, a prática é comum em todo lugar do Brasil, e não é de hoje que as pessoas, no fim de um cansativo dia de trabalho, reúnem-se no bar, botequim, bodega, venda, etc, para relaxarem, estejam elas numa grande cidade ou no campo, enfastiados de cortarem cana tanto quanto de martelarem os dedos nas teclas frias de imprescindíveis computadores.

Inúmeras empresas já adotam um espaço bastante confortável, dispensando uma importância maior para o cafezinho. Em universidades, igualmente, o cafezinho é um momento e um espaço bastante importante no qual ocorre aquilo que os especialistas chamam de *brainstorm* ou tempestade cerebral, um gerador de ideias e de troca de experiências que potencializa a criatividade, elemento que hoje se torna imprescindível, tanto nos estudos quanto no trabalho.

> *Sem já ter feito o seu teste*
> *Em um inditoso dia*
> *Um garoto do nordeste*
> *Entra em uma padaria*
> *E já com água na boca*
> *E necessidade louca*
> *Se encostando no balcão*
> *Faz mesmo sem ter coragem*
> *A primeira traquinagem*
> *Dali carregando o pão*

RPG

O RPG significa exatamente Role Play Games, ou, trocando em miúdos, Jogo de Representação de Papéis, embora isso não queira dizer muita coisa.

O RPG é um jogo no qual várias pessoas se reúnem e, sob regulamentos mais ou menos rígidos e sob o comando de um mestre, elegem um tema e deverão aceitar o desafio proposto pelo jogo, mediado pelo mestre e por dados. Estas pessoas assumem cada uma um determinado e fixo papel que vem carregado com certas habilidades e, juntas, deverão cumprir as metas propostas pelo mestre. É um jogo que, em vez de incentivar o concorrência, valoriza o trabalho coletivo e as soluções criativas e conjuntas.

> *Volta bastante apressado*
> *O pobre inexperiente*
> *Olhando desconfiado*
> *Para trás e para frente*
> *Mas naquele mesmo instante*
> *Vai apanhado em flagrante*
> *Na porta da padaria*
> *Indo o pequeno indigente*
> *Logo rigorosamente*
> *Levado à delegacia*

SACI

Quem afirma é o Major Benedito de Souza Pinto, morador de São Luíz de Paraitinga: "Conhecemos três espécies de saci: trique, saçura e pererê. O saci mais encontrado aqui é o Saci-Pererê. É um negrinho de uma perna só, capuz vermelho na cabeça e que, segundo alguns, usa cachimbo, mas eu nunca vi. É comum ouvir-se no mato um trique, isso é sinal que por ali deve estar um saci-trique. Ele não é maldoso; gosta de fazer certas brincadeiras, como, por exemplo, amarrar o rabo do animal.

O Saçura é um negrinho de olhos vermelhos; o Trique é moreninho e com uma perna só; o Pererê é um pretinho, que quando quer se esconder vira um corrupio de vento (redemoinho) e desaparece no espaço. Para se apanhar um saci-pererê, atira-se um rosário sobre o corrupio de vento".

Agora quem "fala" é Amaro de Oliveira Neto: "Quando se perde qualquer objeto, pega-se uma palha e dá-se três nós, pois se está amarrando o "pinto" (pênis) do saci. Enquanto ele não achar o objeto, a gente não deve desatar os nós. Ele logo faz a gente encontrar o objeto porque fica com vontade de 'mijar'".

Alguns afirmam que o saci é um mito exclusivo nosso. Quem ler a peça *O demônio familiar*, do José de Alencar, vai encontrar ali subsídios para perceber um reforço desse mito. Igualmente na peça de William Shakespeare, *Sonhos de Uma Noite de Verão*, um de seus personagens, o Puck, pode muito bem ser uma espécie de saci.

Todavia, não importa bem a sua origem; o que importa é que, do mesmo modo como afirmou aquele filósofo alemão Nietzsche sobre o sol: "o que seria de ti, ó grande astro, se não houvesses aqueles a quem tu iluminas", os mitos somente fazem sentido se circularem pelos grupos humanos vivos, amalgamando, em algum momento, suas vidas, conferindo-lhes algum sentido.

Não é, portanto, o saci que possibilita, sozinho, o folclore, mas as histórias que se tecem em torno das fogueiras, animando as chamas, como estrelas no chão, por exemplo, do Pantanal, motivo dos vaqueiros que ainda hoje aboiam conduzindo o gado para pastagens mais secas.

> *É aquela a vez primeira*
> *Que o garoto preso vai*
> *Faz a maior berradeira*
> *Grita por mãe e por pai*
> *Mas os outros garotos presos*
> *Que já não ficam surpresos*
> *Com história de prisão*
> *Consolam o pequenino*
> *Dando instrução ao menino*
> *Da marginalização*

COMO SER UM FOLCLORISTA

Na verdade, não é difícil ser um pesquisador do folclore. Se estiver numa região de colonização estrangeira, observe atentamente como se processa a adaptação ao meio, as características da aprendizagem do idioma, como se comporta, relativos aos ditos e modismos da região, dando ênfase especial à maneira pela qual recebem e utilizam o folclore local, seja em cada caso pessoal, seja pela coletividade em conjunto. Observe como perdura o folclore dos países de origem e as diferenças que encontram nesse setor, entre os nativos e os estrangeiros. Mas tudo isso você fará no local em que coletar os dados. Por exemplo, no das rodas, histórias, no de cantigas e divertimentos infantis, etc. Esse ponto merece toda a sua atenção, o meio escolar oferece possibilidades imensas. Mas não deve tratar do tema em geral, a menos que o faça em informações para acompanhar o relatório das coletas.

Verifique muito bem o problema da linguagem, não das crianças, mas do meio, porque, com os seus conhecimentos, está em condições de orientar melhor do que ninguém a coleta de dados. As informações devem ser sucintas, sem tiradas literárias, sem interpretações ou conclusões. Não é que essas não interessem, podem interessar e muito, mas quando as quiserem fazer, não inclua no texto da coleta, faça em folha à parte, com as suas sugestões pessoais. Esse será um adendo de valor, mas resultará prejudicial se for feito no texto expositivo, quando se pede ordem, clareza, simplicidade e precisão.

Um boa coleta só se faz com tempo, mesmo porque os fatos não estão expostos, como mercadorias numa vitrina, mas surgem no curso dos acontecimentos muitas vezes de repente, ou na intercorrência de coisas até diferentes e diversas do tema em si.

Se você ouvir uma história, pode saber de coisas de culinária, de medicina, de folguedos ou de qualquer aspecto da vida da coletividade. Registre sempre. Tenha sempre os olhos e ouvidos agudos à vida do povo e perceba eventos que comuniquem essas quatro possibilidades: **vida-circularidade-solidariedade-alegria**.

> *Depois que aquela criança*
> *Da prisão tem liberdade*
> *Na mesma vida se lança*
> *Pelas ruas da cidade*
> *E assim vai continuando*
> *Aliada ao mesmo bando*
> *Forçados pela indigência*
> *Pra criança abandonada*
> *Prisão não resolve nada*
> *O remédio é assistência*

CAPOEIRA

A capoeira tem sua origem em dança coletiva, mais conhecida como capoeira-angola, ainda hoje praticada em muitos lugares, inclusive no berço e na meca da capoeira, que é a Bahia.

No entanto, a prática mais disseminada é sua variação em forma de luta, que foi encampada pelas academias distribuídas em todo o Brasil.

> *Quem examina descobre*
> *Que é sorte muito infeliz*
> *A do nordestino pobre*
> *Lá pelo sul do país*
> *A sua filha querida*
> *Às vezes vai iludida*
> *Pelo monstro sedutor*
> *E devido à ingenuidade*
> *Finda fazendo a vontade*
> *Do monstro devorador*

GRUPO IMBUAÇA

A origem do nome desse grupo vem de um artista popular de rua assassinado em Aracaju, na década de 70.

É um grupo de teatro que pratica a união entre literatura de cordel e teatro de rua. Costumam reunir um grande público em praça pública para assistirem peças como *A moça que virou cachorro porque comeu carne na Sexta-feira santa e batia na mãe*.

A prática circense, o mambembe, a dança, a música são experiências que convergem para ampliar as possibilidades do espetáculo.

Vejamos uma de suas cantigas:

> *Nossa senhora faz meias*
> *Com linhas feita de luz*
> *O novelo é a lua*
> *As meias são pra Jesus*

> *Foge do rancho dos pais*
> *E vai vagar pelo mundo*
> *Padecendo muito mais*
> *Nas garras do vagabundo*
> *O pobre pai revoltado*
> *Fica desmoralizado*
> *Com a alma dolorida*
> *Para o homem nordestino*
> *O brio é dom divino*
> *A honra é a própria vida*

TRUCO

Já posso ver os sinais: o olho dos parceiros brilham e as mãos, rápidas, denunciam o "zapi".

Meu parceiro assinala o "sete de ouro", não... um casal vermelho, o que significa que também o "sete de copas" compõe as suas três preciosas cartas.

Estamos no jogo!

Descarto um três, pois a primeira vale um caminhão; e puxo o "zapi" do inimigo.

Na segunda mão trucamos pra tornar.

Eles gritam, esbaforidos, com o "seis, ladrão!!" – estavam com o casal preto, quando o "zapi" vem casadinho com a "espadilha".

— Nove! Nove! Nove!
— Truco doze! Doze!!

> *Aquele pai fica cheio*
> *De revolta e de rancor*
> *Mas não pode achar um meio*
> *De encontrar o malfeitor*
> *Porém, se casualmente*
> *Encontrar o insolente*
> *Lhe dará fatal destino*
> *Pois foi sempre esse o papel*
> *E a justiça mais fiel*
> *Do caboclo nordestino*

CONFEITARIA

Essa foi uma notícia que saiu na *Folha de S.Paulo* em 2 de abril de 2000:

> *A doçaria é uma das áreas em que se deu uma atraente fusão da culinária portuguesa com as condições da cozinha do Brasil.*

Nos empórios do interior, ainda é possível encontrar pé de moleque, maria-mole, cocada e guloseimas mais antigas. Nas capitais, porém, as confeitarias atendem a um paladar principalmente francês e italiano com tradições deliciosas, mas que não precisariam sobrepor-se a valores locais.

E, no entanto, a nossa é uma rica tradição. A primeira e grande aquisição local tinha muito pouco a ver com a pastelaria europeia: o casamento do açúcar com as frutas nativas. Embora a confecção de geleias e marmeladas seja igualmente um uso europeu, o cozimento das frutas em ponto de compota e a existência de frutas com sabores exóticos fez dessa doçaria uma atração irresistível, expressa em doces de banana ou de jaca, de goiaba ou de caju.

Servidos com queijo, sábio acompanhante, capaz de introduzir uma ponta de sal para equilibrar o doce por vezes excessivo.

Muitos doces portugueses, como o alfenim, os filhoses e os bolos de todos os matizes, tornaram-se brasileiros por adoção. Com muitos outros doces, passaram a compor o tabuleiro das escravas, que os vendiam nas ruas.

O repertório de doces brasileiros é capaz de contemplar as mais diferentes ocasiões, mas caminha para o anonimato. A confeitaria passa, no Brasil, pelo mesmo fenômeno comum à gastronomia em geral, e aos restaurantes, em particular.

O brasileiro urbano, se decide abrir um restaurante, escolherá a cozinha francesa ou italiana (tailandesa? marroquina?) antes de optar pela cozinha regional. Os valores culturais, da música ao tutu de feijão, não serão mantidos apenas pela prática doméstica.

Doces e salgados correm o risco de desaparecer se não forem adotados pelas instituições que os produzem. Restaurantes e confeitarias podem ser tanto os santuários dessas tradições quanto seus coveiros.

Eis aí uma bela sugestão profissional.

> *Leitor, veja o grande azar*
> *Do nordestino emigrante*
> *Que anda atrás de melhorar*
> *Da sua terra distante*
> *Nos centros desconhecidos*
> *Depressa vê corrompidos*
> *Os seus filhos inocentes*
> *Na populosa cidade*
> *De tanta imoralidade*
> *E costumes diferentes*

MOVIMENTO ARMORIAL

O almanaque Armorial é um "grande logogrifo brasileiro da arte, do real e da beleza, contendo ideias, enigmas, lembranças, informações, comentários e a narração de casos acontecidos ou inventados, escritos em prosa e verso e reunidos num *Livro Negro do Cotidiano*, pelo bacharel em filosofia e licenciado em artes Ariano Suassuna".

Vejamos o que diz o próprio Ariano Suassuna lá nos idos de 1962 em defesa de seu movimento:

> *Quando, para exemplificar, vejo José Lins do Rego dizer que o Regionalismo, no plano artístico, é uma sondagem na alma do povo, nas fontes do folclore, sinto uma repulsa e me recuso a ser chamado de regionalista. Tal regionalismo fica nas aparências do social, fazendo jus a todas as acusações de 'pitoresco', enquanto a arte tem de se enriquecer da luz do real*

pelo sensível, pelos homens, pela vida, pelas coisas que nos cercam, sendo, portanto, algo muito mais profundo. É por isso que procuro um teatro que tenha ligações com o clássico e com o barroco: na minha opinião, esta é a posição que pode atingir melhor o real, no que se refere a mim e a meu povo. Faço da originalidade um conceito bem diferente do de hoje, procurando criar um estilo capaz de acolher o maior número possível de histórias, mitos, personagens e acontecimentos, para atingir, assim, através do que consigo entrever em minha região, o espírito tradicional e universal.
(*Folha de S. Paulo*, 4 de setembro de 2000, E 8)

> *A sua filha querida*
> *Vai pra uma iludição*
> *Padecer prostituída*
> *Na vala da perdição*
> *E além da grande desgraça*
> *Das privações que ela passa*
> *Que lhe atrasa e lhe inflama*
> *Sabe que é preso em flagrante*
> *Por coisa insignificante*
> *Seu filho a quem tanto ama*

TREKKERS

Eis um movimento que no Brasil congrega um monte de gente cujo interesse comum são os velhos seriados de *Jornada nas Estrelas*. Vestem-se como os personagens da série e participam de convenções e de encontros regulares. Trocam *souvenirs* e lembranças que marcaram época na série de TV, assistem a velhos filmes e se divertem à beça.

> *Para que maior prisão*
> *Do que um pobre sofrer*
> *Privação e humilhação*
> *Sem ter com que se manter?*
> *Para que prisão maior*
> *Do que derramar o suor*
> *Em um estado precário*
> *Na mais penosa atitude*
> *Minando a própria saúde*
> *Por um pequeno salário?*

FANZINE

O movimento do fanzine é vasto e disseminado em todos os lugares. Como o próprio nome diz, fanzine é o "zine" do fã, ou seja, um jornalzinho feito geralmente em copiadoras precárias e que circulam de mão em mão, via correio, sendo este seu único custo. Com a Internet, esse tipo de rede se torna cada vez mais comum, embora o modelo impresso, tratando dos mais diferentes assuntos, continue com bastante vitalidade.

Geralmente um grupo de pessoas cujo interesse converge se reúnem e produzem um panfleto, um pequeno jornal que circula das mais inusitadas formas.

> *Será que o açoite, as algemas*
> *E um quarto de detenção*
> *Vão resolver o problema*
> *Da triste situação?*
> *Não há prisão mais incrível*
> *Mais feia, triste e horrível*
> *Mais dura e mais humilhante*
> *Do que a de um desgraçado*
> *Pelo mundo desprezado*
> *E do seu berço tão distante*

CHANUCA PERNAMBUCANO

"Recife, manhã de Domingo. Acompanhada da mãe Ester, 76 anos, e da filha Analice Paula, 16, a professora Lígia Bender Schver, 46, chega ao clube Caxangá. É o primeiro dia da semana do Chanuká, a Festa das Luzes, realizada em dezembro pelos judeus de todo o mundo.

Chanuca quer dizer consagração. A festividade relembra a reconsagração, em 165 A.C. (antes da Era Comum ou antes de Cristo, pela contagem cristã), do Templo de Jerusalém conspurcado por sírios, que combatiam a religião judaica. Quando limparam o Templo e o puseram em ordem para o culto, Judas Macabeu, seus irmãos e suas tropas – os hasmonianos – quiseram acender a menorá (a menorá especial usada para comemorar o milagre de Chanuca é chamada também de Chanukiá. Ela possui oito braços, correspondendo aos oito dias de celebração, além de um braço elevado para o *shamash*, a vela auxiliar com a qual se acendem as outras), *a lâmpada do Templo. Precisavam de uma semana para preparar o óleo que a manteria acesa, mas só encontraram óleo para um dia. Ainda assim, acenderam a menorá e, por milagre, ela ardeu por oito dias. Isso impediu que o Templo ficasse às escuras e garantiu o tempo necessário para preparar mais óleo.*

Chanuká é uma festa muito importante. Ensina que ninguém deve desanimar diante da escuridão".[9]

A comunidade judaica começa a vir para o Brasil a partir das perseguições sofridas desde o século XVI em Portugal. Alguns foram forçados a se converterem ao cristianismo, e eram conhecidos como cristãos novos. No entanto, mantiveram suas tradições e resistiram a toda forma de preconceito.

> *O garoto tem barriga*
> *Também precisa comer*
> *E a cruel fome lhe obriga*
> *A rapinagem fazer*
> *Se ninguém a ele ajuda*
> *O itinerário não muda*
> *Os miseráveis infantes*
> *Que vivem abandonados*
> *Terão tristes resultados*
> *Serão homens assaltantes*

---

[9] Texto extraído da revista **TV Escola** de abril de 2000, p. 34.

MAIS BUMBA-MEU-BOI

É o mais puro dos espetáculos populares. Nele se nota algumas influências europeias, mas sua estrutura, seu assunto, seus tipos e a música são puramente brasileiros.

Há várias histórias sobre sua origem, mas o que se sabe com certeza é que a origem do Bumba-meu-boi se perde no passado.

O sentido da festa é uma aglomeração de reisados, em volta de um reisado principal que tem como motivo a vida e a morte do boi.

A palavra "Bumba" significa, na verdade, "bombo" ou "zabumba", mas seu significado exato é "tunda, bordoada, pancadaria velha".

A pancadaria é um dos pontos principais dos espetáculos populares.

Tradicionalmente representado durante o Ciclo do Natal, hoje em dia já se exibe até pelo Carnaval – o Bumba-meu-boi associa-se às representações que, desde a Idade Média, são dadas por ocasião da Festa de Igreja. É um nunca acabar de ligações, reminiscências, influências, afinidades.

Dentro do sentido do nosso espetáculo vale ressaltar os ecos longínquos da *commedia dell'arte*. Como a antiga comédia popular italiana, o bumba-meu-boi possui um *soggeto*, em torno do qual são improvisados os diálogos, os *lazzi*; vários personagens se assemelham entre si.

É um espetáculo praticado em arena, o público em pé formando a roda que se vai fechando em torno dos intérpretes. Este espetáculo demora normalmente oito horas e o público se mantém firme. Num espetáculo dessa duração, começando às nove horas da noite e terminando às cinco da manhã, é espantoso como os intérpretes dancem, cantem e representem sem mostra de cansaço, tomando cachaça nas várias saídas de cena. Bebem os atores e bebe o público.

Não há mulheres representando. Os papéis femininos são desempenhados por homens vestidos de mulher à boa moda dos espetáculos elisabetanos ou do *kabuki* japonês. Uma exceção é feita para a Pastorinha, geralmente uma menina ou uma adolescente, mas nunca uma mulher feita. Outro elemento feminino usado no espetáculo é a Cantadeira, sentada ao lado da orquestra que é composta por zabumba, ganzá e pandeiro (o pandeiro é tocado pela própria Cantadeira), entoando loas e toadas.

O dinheiro, como a cachaça, é outro elemento constante numa função. Cada ator faz a sua coleta, por meio de piadas, as mãos estendidas criando uma representação à parte na caça ao numerário.

O sistema da "sorte", que consiste em colocar um lenço sujo no ombro do espectador, que o devolve com uma cédula dentro, nem sempre funciona e, por isso, os atores "assaltam" de mil maneiras engenhosas e cômicas.

Brigas podem surgir a qualquer momento. A atmosfera é quente, a cachaça está correndo, um espectador mais sisudo pode não gostar das "liberdades" do Mateus, das marradas do boi, das investidas do Jaraguá. Brigas e até mortes.

A pobreza da região influi no espetáculo, tanto na sua estrutura como no seu enredo.

O Bumba-meu-boi é assexuado, mas todas as suas histórias giram em torno do dinheiro, o pagamento se fazendo pelas bexigadas de Mateus e Bastião. Os personagens do auto podem ser classificados em três categorias: humanos, animais e fantásticos.

São humanos o capitão Boca Mole, que é o dono da festa. É ele quem, falando, cantando, dançando, apitando, comanda o espetáculo.

Dentre os animais temos a Ema, que é movimentada por um menino debaixo de uma armação do animal; a Burrinha, montada por um vaqueiro, à semelhança do Cavalo-marinho; a Cobra, que morde Mateus e Bastião; o Pinica-pau, movimentado também por um homem escondido debaixo da armação; e o Boi, que é a figura principal do folguedo.

Quanto aos fantásticos temos a Caipora, gênio malfazejo da mitologia dos índios brasileiros, de mau agouro, no bumba representada por um moleque de tanga, com uma enorme cabeça arranjada com uma urupema coberta com um pano branco, com dois orifícios correspondentes aos olhos; o Diabo; Babau (armação com uma caveira de burro conduzida por seu Manuel do Babau); o Morto-carregando-o-vivo; Mané Pequenino (figura enorme de mais de três metros, toda de branco, com uma enorme cabeça, manejada por um homem que se esconde dentro dela); o Jaraguá, fantasma de cavalo, dando botes nos espectadores.

Indiscutivelmente o Bumba-meu-boi, em seus princípios, era um auto hierático, um reisado conclusivo sobre o boi da manjedoura do nascimento de Nosso Senhor

Jesus Cristo. Pouco a pouco outros reisados se foram juntando a ele, as marcas de cada época anexando-se ao espetáculo. O boi, como animal quase sagrado, também se foi fundindo com o boi da região pastoril, o profano invadindo o folguedo. Fenômeno idêntico ao do teatro litúrgico medieval.

Hoje, em Parintins, no Amazonas, realiza-se a mais famosa festa do Boi, com uma produção muito parecida com a que ocorre com o carnaval do Rio de Janeiro, que atrai turistas de todo o mundo.

> *Meu divino redentor*
> *Que pregou na Palestina*
> *Harmonia, paz e amor*
> *Na vossa santa doutrina*
> *Pela vossa mãe querida*
> *Que é sempre compadecida*
> *Carinhosa, terna e boa*
> *Olhai para os pequeninos*
> *Para os pobres nordestinos*
> *Que vivem no mundo à toa*

MAIS DITADOS

"Se quiser viver e prosperar, deixa a aranha passar", seja lá o que isto queira dizer!

Esta outra, encontrada num banheiro masculino: "Desabotoem tão frequentemente vossos cérebros quanto vossas braguilhas".

> *Meu bom Jesus Nazareno*
> *Pela vossa majestade*
> *Fazei que cada pequeno*
> *Que vaga pela cidade*
> *Tenha boa proteção*
> *Tenha em vez de uma prisão*
> *Aquele medonho inferno*
> *Que revolta e desconsola*
> *Bom conforto e boa escola*
> *Um lápis e um caderno*[10]

UMBANDA

A Umbanda é uma manifestação da religiosidade convergente, tanto dos indígenas naturais, dos negros africanos que para cá vieram forçadamente como escravos e, também, da religiosidade cristã que veio com os portugueses.

Apresenta aquilo que os estudiosos chamam de sincretismo, ou seja, para não desaparecer, uma vez que era proibido, tanto aos escravos negros quanto aos escravos indígenas. No exercício de suas crenças, seus adeptos mesclaram os rituais da Umbanda aos rituais católicos e suas entidades com os santos do catolicismo.

Vejamos os Orixás e as linhas da Umbanda que deixam claro o sincretismo religioso-cultural:

---

[10] ASSARÉ, Patativa. **Cordel**. São Paulo: Hedra, 2000, p. 89-103.

Os orixás são espíritos superiores na hierarquia da Umbanda. São apresentados em sete linhas.

A primeira linha denomina-se Oxalá.

É a linha de Jesus, no sincretismo religioso. Funciona no espaço, de onde emanam as ordens e as demais corporações que formam a rede espiritual umbandista.

A Segunda é a linha de Iemanjá, uma divindade espiritual da natureza, ou seja, desprovida de corpo, que não tem formação material. Iemanjá é um orixá, ou seja, uma divindade que não se incorpora. Entidades como essa podem apresentar-se tantas e quantas vezes queiram ou julguem necessário, contanto que se eleve o pensamento cheio de fé e de amor, em benefício dos necessitados.

Iemanjá é a rainha do mar e, como já vimos num tópico no início desse trabalho, também representa uma divindade católica. Você lembra qual é?

A Terceira linha também é chamada de linha do oriente, ou no sincretismo, de São João Batista, um espírito encarnado cuja evolução espiritual é bastante elevada.

A Quarta é a linha de Xangô, ou de São Jerônimo, símbolo da justiça e dos direitos.

A Quinta linha é a de Ogum, ou de São Jorge. Inúmeras lendas existem em torno do santo guerreiro, sendo que a mais conhecida é o seu enfrentamento com o dragão da maldade.

A Sexta linha é a de Oxóssi, sincretizado em São Sebastião e o responsável pelo desenvolvimento mediúnico dentro da Umbanda.

A Sétima é a linha dos Pretos Velhos, que são aqueles cativos das senzalas. Esta linha é dirigida por São Benedito,

São Cipriano e Santo Antonio da Pemba, considerados todos orixás. A eles, são subordinados São Cosme e Damião.

Temos, finalmente, as linhas da esquerda. Habitando a terra, sob a jurisdição do senhor Lúcifer, Exus são as forças que compõem um exército, o qual se divide, por sua vez, em sete linhas, comandadas, designadas e dirigidas por esses Exus, com poderes outorgados por chefe supremo e com direitos limitados.

São elas: a primeira, chamada de cemitério, comandada pelo Senhor Caveira; a Segunda, encruzilhada, comandada pelo Rei da Encruza ou Sete Encruzilhadas; a terceira, Tronqueira, comandada pelo Senhor Exu Tiriri; a Quarta, Lodo, comandada pelo Rei do Lodo; a Quinta, Beira-Mar, comandada pelo Exu Maré; a Sexta, Campos e Matas, comandada pelo Gira Mundo e, finalmente, a sétima, Passagens e Porteiras, comandada pelo Sete Porteiras.

Assim, as grandes forças da natureza estão presentes nos rituais de Umbanda, cuja abertura é chamada de Gira.

Vejamos como funciona uma Gira:

1. O chefe (pai de santo), defronte ao Congá, benze-se no que é seguido pelos "filhos" e pronuncia a seguinte saudação:
   - Salve a Umbanda
   - Salve a Kimbanda
   - Saravá todos os Orixás
   - Saravá os Pretos Velhos
   - Saravá os Caboclos
   - Saravá São Cosme e São Damião
   - Salve o povo da Bahia

- Estão abertos os trabalhos com a graça de Deus
- Salve o ponto: Canta-se, então, o ponto de Abertura, específico para aquela Gira: Preto Velho ou Caboclo.

2. A seguir, canta-se o ponto de defumação, enquanto se defuma todo o terreiro, os filhos da Fé e as pessoas da assistência (defumador é um preparo de ervas).

3. Concluída a defumação, reza-se a prece de caridade, com todos os "filhos" postados de joelhos.

4. Finda a oração, canta-se os pontos de bater cabeças.

5. Terminado o ritual de "bater cabeças", são cantados os pontos a seguir:
   - Ponto para Ogum
   - Ponto para Xangô
   - Ponto para Oxalá
   - Ponto para Obaluaiê
   - Ponto para São Cosme e Damião

6. Salve a Banda Maior – ponto para o povo de Exu. Ao cantar esse ponto, tanto o chefe do terreiro quanto os filhos de fé e a assistência devem virar-se de costas para o Congá.

7. Concluído esse ponto, que é o último para o "Ritual da Abertura", os médiuns ficam em silêncio

dando passagem aos guias, que através deles enunciarão suas mensagens.

8. Depois que as pessoas da assistência tomam os "passes" e recebem a ajuda necessária para aliviarem seus sofrimentos, canta-se o ponto para os guias deixarem os médiuns. E então são encerrados os trabalhos.

CONCLUSÕES PARCIAIS

Enfim...

O que se procurou aqui evidenciar insistentemente é que não seria o grau de elaboração e de reflexão que separa um fato popular de sua contrapartida erudita.

A indústria cultural, que a tudo sistematiza e processa em sua voragem reprodutora, deveria tratar igualmente um compêndio de Kant – a "crítica da razão pura", por exemplo – e um poeta como Patativa do Açaré. Se em ambos a dificuldade oculta um certo descaso, não será por critérios de inferioridade/superioridade.

A complexidade do real se dá a ver a todos, sábios e eruditos, singelos e burocratas e apenas os dogmas do poder e de uma luta de classes intestina insistem em distanciá-los, conferindo a um o "reconhecimento" de científico, enquanto a outro, a "pecha" de folclórico.

À medida que nos esforçamos a aproximá-los, acreditamos contribuir para que experiências de vida, lutas de grupo e carótidas entupidas possam enfim representar unicamente sintomas de humanidade.

Parte II

FOLK

Ouvi dizer que a história é a mestra das nossas ações e máxima de princípios: e o mundo foi sempre, de certo modo, habitado por homens que têm sempre as mesmas paixões; e que sempre existiu quem serve e quem manda, e quem serve de bom grado, e quem se rebela ou se rende.
Nicolau Machiavelli

Uma vez cientes de como é comum o fenômeno da invenção das tradições, descobriremos com facilidade que elas surgiram com frequência excepcional no período de 30 a 40 anos antes da I Guerra Mundial. Não se pode dizer com certeza que nesse período

> *inventaram-se tradições com maior frequência
> do que em qualquer outro, uma vez que
> não há como estabelecer comparações
> quantitativas realistas. Entretanto, em muitos
> países, e por vários motivos, praticou-se
> entusiasticamente a invenção de tradições.*
> (Eric Hobsbawn, **A invenção das Tradições**.)

NOITES AMAZÔNICAS

As sociedades ágrafas são tão adversas em relação ao seu inverso que ouso garantir que não são estruturadas e organizadas na acepção que estas duas palavras de poder inferem.

Duas razões me levam a esta afirmação: a tradição, embora elástica, vivifica a ramificação e o rizoma. Acata e acolhe a diversidade que é sempre exógena e inconstante, como a linguagem sem memória. Os tesouros são dádivas que se doam e não peças que se guardam.

Aliás, como dizia Carlos Drummond de Andrade, "toda história é remorso".

Dizem que as lendas e os mitos existem para que a imaginação os anime.

No entanto, na Amazônia, não precisamos ativar este órgão que, espremido nas tensas redes cotidianas, acabou por atrofiar-se e está em vias de morrer. Para o estrangeiro de todo canto, a própria realidade está povoada de mitos, lendas, bizarrices. Pois a realidade teima em transmutar-se, em metamorfosear-se (insuflada por misteriosas combustões nas ligações mais íntimas da matéria) bem diante de nossos olhos.

Desde inscrições que habitam os muros e que conseguem desconcertar os mais duros, como esta frase anarquista das mais ternas que já li, ou ouvi: "Nenhuma forma de governo nos trará conforto", até esta outra, fixada enorme no território proibido do Batalhão de Infantaria de Selva: "Co yvy oguereco yara", supostamente pronunciada pelo tuxaua Sepé Tiaraju em 1750, quando das rusgas com colonizadores que vinham do oeste e que pela mágica da tradução ficou assim: "Esta terra tem dono", símbolo de todo grupamento fronteiriço da região norte, quando, em verdade, significava: "Esta terra jamais terá dono", fruto da vasta sabedoria dos povos da floresta que a veneram como uma divindade e jamais ousariam apropriar-se do que quer que fosse.

Até entidades mais estranhas como o Mapinguari, mistura de homem e pelos, com um improvável olho a piscar na barriga. Mas esse ser ágil, dócil, alto e elegante contenta-se em observar os humanos pelados, em posição de descanso: sempre escorado em alguma árvore, como se essa atividade de observador dos dramas humanos pudesse esgotar as paisagens da compaixão.

Ou o Matintim, cujo canto triste viaja à velocidade da luz quando a tristeza dos caboclos e dos ribeirinhos é tão grande que o coração parece querer explodir. Em penitência, em sacrifício (sabe-se lá!), essa ave tão vistosa transmuta-se em homem incompleto, cujo toco da perna ausente sangra sem parar. E o caboclo volta a alegrar-se.

Ou o sangue de lua, que só aparece na manifestação dos eclipses quando as mulheres grávidas, contagiadas pela farra barulhenta e percussiva das latas manuseadas por toda comunidade num esforço para acordar a lua, espreitam discretas pelas frestas a bola negra lá no céu e condenam os filhos que daí nascerão a carregarem consigo pela vida afora alguma mancha escura na pele, o sangue de lua. Mas vale tanto a pena o espetáculo cósmico que não há arrependimento.

Ou o maior dos mitos das águas amazônicas, a cobra grande. Nesse caso, em períodos de cheia, quando as águas do degelo da cordilheira se juntam com as das chuvas torrenciais de março, a devastação costuma levar troncos perigosos rio abaixo; quando, em noites tempestuosas, esses troncos manchados pela tabatinga, um barro avermelhado abundante nas enchentes, podem muito bem se transformar numa enorme cobra que acaricia os barcos, como a lembrar aos homens que não estão sós com suas angústias e seus temores.

Ou as casas de farinha que por ali viram cozinha de forno, ou os tupé que tecem os kocama da palha bruta, como tecem o tipiti, os maiuruna, de Marajaí, os tessumes dos cambeba, de Jaquiri, dos ticuna da Barreira das Missões, e de todo canto. Mas que no passado já foram os aisuari, os coeruna, os coretu, os janumá, os jauana, os juma, os jupiuá, os juri, os manaó, os passé, os tamuana, os tupiná, os uaiupi, os norimã. Até os ancestrais Muhra,[11] guerreiros altivos exterminados na primeira hora do contato.

---

[11] WILKENS, Henrique João. **A Muhraída**. Lisboa: Impressão Régia, 1819.

As polaroides não captam nada disso, por isso não adianta fotografar nem filmar.

Nas redes urbanas do médio Solimões também existem essas manifestações que desancam o visitante. Em Tefé, enfrentei meus anjos e demônios em variadas proporções, como nunca teria imaginado.

Antes, contudo, preciso explicar que temo os cães. Basta o olhar enviesado de um *chiuaua* pequenino pra me preocupar severamente. Sinto sua primalidade epidérmica, seu atavismo que de súbito pode se manifestar em mandíbulas duras que cobiçam minha carne flácida.

Na mesma proporção, adoro as frutas. Acho-as eróticas e entendo seus sabores como metáforas da infinita variedade das fragrâncias femininas. Cada uma é especial e única, portadora de sensações inesquecíveis. Costumo prová-las num exercício agradável de comparação.

Recém-chegado a Tefé, essas duas coisas me encontraram.

A primeira, na forma de deliciosas frutas de nomes improváveis: cubiu, sapota, tucumã, pupunha, camu camu, banana pacova, beribá, ingá, bacuri, taperebá, araçá, buriti, banana engana-ladrão, noni, mapati, curumã, abiu (que os tucanos, mais ao norte, juram conter todas as doçuras da vagina). A segunda coisa que não pude deixar de notar foi a quantidade enorme de cachorros que perambulavam pelas ruas. Sarnentos, famélicos, esquálidos, tímidos, sofridos e solitários, esses animais conseguiram arrancar-me, pela primeira vez, um sentimento de pena, de comiseração, e não de medo.

Mas como, nesses lugares misteriosos, é impossível não passar das fragrâncias às essências, em metamorfoses várias, conheci o aluá, fermentando as cascas do abacaxi em água por, no mínimo, quatro dias, e, se quiser, batendo tudo no liquidificador, ou o pajuaru, que é a mandioca inteira fermentada pelo mesmo tempo e que depois deve ser fervida, por ser extremamente venenosa, embora exista outra versão, digamos mais prosaica, em que o fazedor mastiga a polpa e devolve saturada de saliva, convergindo ao mesmo tempo as vozes divinas dos ancestrais.

Ou a caissuma, feita da pupunha cozida colocada em água pelos mesmos quatro dias e que, após a fermentação habitual, está pronta pra beber.

Mas o suprassumo desses maltes é o chá de urupé, um cogumelo poderoso que brota da bosta do boi, cujo efeito é tornar real todas as fantasias dos mortais.

Calor terrível sempre é um convite a qualquer hedonista a buscar socorro numa cerveja bem gelada, em meio ao burburinho que um monte de gente bonita produz nas ruas da cidade, que parece estar sempre em festa. Uma noite, bebi até que as ruas ficassem desertas e fui perambulando para o hotel em que me hospedava. Fui a pé, curtindo sozinho uma daquelas bebedeiras tépidas que nos fazem rir reservadamente de nós mesmos, com uma enorme benevolência.

Ao virar uma esquina, pude divisá-los. Os cães vadios do dia assumiram um ar mais nobre. Transmutaram-se em senhores do território e vinham em minha direção. Mas, na hora, confesso que não percebi a mudança e continuei o meu caminho.

Quando me aproximei e tentei contornar-lhes, fecharam-me a passagem. Rosnando, avançaram sobre mim em ondas de saliva e dentes. Voltei para trás e tentei correr, mas dei de cara com outro grupo de cães que também me desejava, como a dizer com seus latidos: "Ele é nosso". Avançaram sobre os outros. Estavam disputando a minha carne. Todos brigavam contra todos pelo butim de meus despojos.

Com o descuido da refrega, pude me safar e narrar essa estranha história de vingança das matilhas organizadas dos cães de Tefé.

As mulheres de lá, com alguma dose de razão, desgostam (ou desconfiam) da carne dos sulistas e desprezam ainda mais os velhos. Não pude sentir-lhes o cheiro doce das frutas e, onanista, guardo na memória tão somente sua beleza fugaz.

Quanto aos cães, às vezes, tarde da noite, sobressaltado, acordo sob a ameaça de seus olhos vários, de seus caninos podres e da raiva xenófoba que nutrem por seres altos, de barba e descorados que, para sua memória sem tempo, ainda são os mesmos colonizadores que lá vão a retirar do El Dorado o ouro e a prata de sua altivez.

É que sem o saber, eles bem o sabem, a máxima de Lavoisier "Na natureza nada se perde, nada se cria, tudo se transforma" não é uma lei infalível. A magia é prova que se cria do nada e o lucro, que se destrói irreversivelmente.

Certa vez, transitando pelo rio gigante com um velho morador, passamos por um remanso de nome Cuema. Curioso, perguntei a origem do nome. O velho então me contou que, na língua geral, enecuema é bom dia. Cuema é dia. E que os antigos habitantes do lugar, todas as madrugadas, saíam da tribo e remavam até aquele remanso a "buscar o dia". Todos os dias voltavam com o nascer do sol, trazido por eles.

Um dia, por lá chegaram uns padres que, ao ver o esforço diuturno para o nascer do dia, comprometeram-se a, numa outra ocasião, trazer um presente.

Muito tempo depois, retornaram com um galo e avisaram. "Agora não precisarão mais remar até o Cuema. Esse bicho canta três vezes na madrugada e, na terceira, ele chama o dia".

A partir desse tempo, os tikuna nunca mais foram ao remanso. Não sei bem, mas acredito que o encantamento estava chegando ao fim.

E por ali, em toda a região, os geoglifos estão espalhados como a compor um estranho mosaico de formas geométricas que, todavia, só podem ser divisadas de um avião, quase como as formas gigantes de Nazca, e que só com o desmatamento acelerado se dão a ver.

O TRIGO NÃO TEM DONO

Essa história não é propriamente nova e tem avançado como ondas sobre populações hoje reconhecidas como tradicionais. Creio que podemos surpreender um de seus começos.

Ao observar grandes contingentes humanos na Inglaterra do século XVIII se rebelarem contra a fome que sazonalmente assolava aquela região, Thompson sugeriu uma interpretação que se contrapunha radicalmente a todas que, até então (década de 1960), haviam sido oferecidas, numa tentativa de explicação do fenômeno.[12]

Seus contemporâneos e antecessores consideravam que os dados de produção de trigo, prejudicado por condições climáticas, geravam os movimentos populares registrados em toda a região rural inglesa do período. Já Thompson se afasta do período em busca das tramas da tradição que vinham regendo grupos sociais, até então, negociadores. Aquilo que parecia reação violenta à fome torna-se demanda política calcada na tradição e no costume que as novas relações capitalistas incipientes vinham solapar.

Os vestígios permitem a Thompson demarcar as razões da demanda. Desde tempos imprecisos, os produtores de trigo, os moleiros e os pobres daquelas localidades acordaram que a primeira safra de farinha de trigo deveria ser vendida à porta da moenda a preço justo, sem passar pelo mercado, que inflacionava significativamente os preços.

As novas condições do lucro que o capitalismo implementava, aliadas à baixa produtividade oriunda de condições climáticas desfavoráveis, ataques de pragas,

---

[12] THOMPSON, E. **Costumes em Comum**. A economia moral da multidão. São Paulo: Cia das Letras, 1999. Em grande medida, os historiadores não franceses afastam-se satisfatoriamente do quadripartismo.

dentre outros fatores, tornaram impossível o cumprimento daquelas relações tradicionais. Assim, produtores e moleiros passaram a despachar para o mercado a primeira safra. As rebeliões que se seguiram não tinham tão somente a fome como estimulante, mas a quebra de um compromisso.

> *"Não deves amordaçar o boi que pisoteia o trigo." O avanço da nova economia política foi também o colapso da antiga economia moral das provisões. Depois das guerras napoleônicas, o que dela restou foi apenas a caridade – o speenhamland. A economia moral da multidão levou mais tempo para morrer: é adotada pelas primeiras cooperativas de moinhos de farinha, por alguns socialistas owenitas, e continuou a existir durante anos nas entranhas da Sociedade Cooperativa de Vendas por Atacado. Um sintoma de morte definitiva é termos sido capazes de aceitar por tanto tempo um ponto de vista "economicista" dos motins da fome, como uma reação direta, espasmódica, irracional à fome – um ponto de vista, em si, produto de uma economia política que fez do salário o nexo das reciprocidades humanas. Mais generosa, mas também mais autorizada, era a opinião do xerife de Gloucestershire em 1766. As turbas daquele ano (escreveu) tinham cometido muitos atos de violência, "alguns de dissipação e*

desregramento; e, em outros casos, de coragem, prudência, justiça, além de demostrarem perseverança em procurar aquilo que professam quere alcançar.[13]

Demandas políticas semelhantes emergiram por toda a Europa, principalmente a partir das novas e complexas relações que o termo "povo", cunhado na confluência da Revolução Francesa e da chamada Revolução Industrial, uniformizava. Relações muito diversas e infinitamente mais complexas simplificavam inúmeros fenômenos que estavam pautados por longas demandas locais, por compromissos que as novas urgências teimavam em superar, para sua própria acomodação.

O QUEBRA QUILO

Por aqui o fenômeno não deixou de produzir revolta. A mais estranha foi a chamada Revolta do Quebra Quilo, ou como os próprios revoltosos chamavam, de Revolta dos Matutos contra os Doutores.[14]

Era o final do ano de 1874 e duas notícias, vindas de longe, atiçaram os ânimos de Campina Grande e

---

[13] THOMPSON, E. P. **Costumes em Comum.** São Paulo: Cia das Letras, 2005, p. 202. Por aqui, em Tefé, no Amazonas, ainda é possível acompanhar o ajuri, o trabalho coletivizado que abrange a pesca, o rocio, o plantio, a colheita e o preparo e cozimento da farinha.

[14] JOFFILY, Irenêo Geraldo. **O Quebra Quilo**. Brasília: Thesaurus Ed. 1977.

seus arredores, somente ganhando horror ao se materializarem na hora da feira:

> *Foi no município de Campina Grande que teve princípio o movimento popular denominado Quebra Quilos, na serra Bobopitá, a 4 léguas ao sul da cidade. A causa foi a decretação de novos impostos pela Assembleia provincial da Paraíba em sua sessão desse ano. A notícia chegou a essa população pobre e ignorante de tal modo aumentada e extravagante, que despertou logo um ódio geral contra o governo, que chamava – dos doutores –. Queriam um governo de homens rústicos como eles.*
>
> *Neste estado de exaltação de espírito estava o povo quando pôs-se em execução a lei que estabelecia o sistema métrico decimal, cuja vantagem, não podendo por ele ser compreendida, fez explodir a mina já preparada. Os novos pesos, para esse povo, simbolizavam o aumento dos impostos, a tirania do governo, e por isto fez convergir para eles o seu ódio. Deste fato veio o nome Quebra Quilos, dado aos sediciosos, os quais o maior mal que causaram foi a destruição de muitos arquivos públicos.*[15]

Um tal coronel Severiano da Fonseca descreve o momento da explosão:

---

[15] Idem, p. 53-4.

Que o movimento sedicioso desabrochou na feira de Fagundes na ocasião em que um arrematante de impostos cobrava o imposto de chão"; esclarecendo em outro tópico do mesmo documento: "Os arrematantes de impostos levavam o abuso à altura do cinismo. Um pobre homem trazia, às vezes, para a feira, uma certa quantidade de farinha, logo que pousasse no chão o saco que trazia, pagava imediatamente uma certa quantia e se por qualquer circunstancia mudava de lugar tinha que pagar novamente; de modo que, muitas vezes, sem ter ainda vendido o que trazia, já tinha pago ao exigente arrematador grande parte do valor do que trazia para vender...[16]

Juntamente com essa mudança na forma de cobrar o imposto, o governo agregou a mudança de pesos e medidas (criada pelo código napoleônico em 1804), até então, feita exclusivamente por vasilhas e cuias em acordo direto entre produtores, comerciantes e compradores.

Outra descrição do evento feita por um historiador local:

Em um dia de feira, na povoação de Fagundes, no mês de novembro de 1874, magotes de matutos surgem proibindo a cobrança de impostos, quebrando cuias de medir, praticando arruaças. A notícia espalha-se. Corre que na primeira feira de Campina Grande irá acontecer o mesmo. O delegado de

---

[16] Idem, p. 56.

polícia João Peixoto, previne-se, toma providências, prepara-se para resistir. Os amotinados não aparecem. Mas surgiram no sábado seguinte, 21 do mesmo mês, na hora da feira, em frente ao estabelecimento comercial de Alexandrino Cavalcante. Corre o delegado em companhia de dois soldados para restabelecer a ordem. São recebidos a pedradas. Retiram-se ensanguentados.

Tomam os sediciosos conta da feira, passam livremente a quebrar as medidas arrebatadas aos comerciantes, a despedaçar as cuias encontradas em mãos dos vendedores retalhistas, a recolher os pesos de todos os tamanhos, atirados em seguida ao Açude Velho. Aproveitando a insubordinação desenfreada, o criminoso Neco de Barros, indigitado autor do assassínio de Hipólito Cassiano de Araújo, subdelegado de Fagundes, resolve tirar seu pai da cadeia, cúmplice do mesmo crime. Junta gente, arma-se, e no dia 23 dirige-se à prisão, bota abaixo as grades a machadadas, solta todos os detentos, mais de vinte. Fatos idênticos reproduzem-se em outras localidades. Os presos entram em férias.

O cabeça dessa selvageria foi João Vieira da Silva, vulgo João Carga d'Água. À frente de seu grupo, o mais numeroso, dirigiu-se, no dia 26, primeiramente à coletoria das Rendas Gerais, depois ao cartório do tabelião Pedro Américo de Almeida, em seguida à casa da Câmara Municipal, por fim à agência do correio. Em todas essas repartições forçam os sediciosos as portas, destroem móveis, retiram os livros e docu-

> *mentos, atiram-nos à rua, deitam-lhes fogo, aos gritos de que aqueles papeis eram coisas da maçonaria.*
>
> *O maior prejuízo causado pelos sediciosos a Campina Grande, e a outros lugares, foi a destruição dos arquivos públicos, mal irreparável, ainda hoje lamentado.*[17]

Como movimento insurgente de um tempo controverso, não poderia deixar de encampar também os escravos:

> *Os escravos também procuraram tirar partido da balbúrdia, na ânsia de liberdade. Em número elevado, revoltados contra os senhores, orientados pelo negro Benedito, casado com escrava, tentam conseguir alforria, coagindo o presidente da Câmara, Bento Gomes Pereira Luna, que se refugiara no sítio Timbaúba... Se o momento era de insubordinação, que se insubordinassem também os que estavam sofrendo a iniquidade do cativeiro.*[18]

O protesto era ainda mais profundo: "O fim principal deles foi obstar o pagamento de todo o imposto, a continuação do novo sistema métrico e a execução da nova lei de recrutamento".[19] Ou seja, tudo aquilo que implicava

---

[17] Idem, p. 57-8.

[18] Idem, p. 58

[19] Idem, p. 60.

interferência do poder público na rotina da vida livre fora objeto de repúdio.

Todavia, o resultado dessas interferências no modo de vida de toda uma enorme região trouxe consigo uma tragédia muito mais aterradora e para a qual os historiadores não deram ainda a devida atenção. Quando a seca de 1877 a 1879 atingiu a região, encontrando as populações desprotegidas pela destruição de seus modos de vida tradicionais, o resultado foi um morticínio de, talvez, mais de 500 mil pessoas.

O governo, principalmente no Ceará, construiu campos de concentração para impedir que o contingente humano que fugia da seca chegasse às cidades. Foi o nosso modelo de cercamentos.

Uma fazenda abandonada em Canudos, Bahia, serviu de base, em 1893, para a fundação do Arraial de Belo Monte do Antonio Conselheiro. Era uma alternativa a esses inúmeros retirantes de mundos destruídos de recompor seus vínculos de solidariedade. Sua destruição foi uma das mais dramáticas, por certo, e uma das poucas visíveis pela história.

Quando o ciclo da borracha chegou, alguns anos depois, havia enorme contingente humano disponível do deslocamento para as inóspitas terras úmidas amazônicas.

Outro exemplo de cercamento por aqui ficou conhecido como Contestado.

Em 1908, numa região entre os estados de Santa Catarina e Paraná, o governo cedeu terras ao norte-americano Percival Farquhar, responsável pela construção da estrada de ferro que ligava o Estado de São Paulo ao Rio Grande do Sul.

Um de seus prêmios foi uma faixa de terra de 30km de largura ao longo da ferrovia. Sem demora, expulsou os posseiros que ali viviam há muito. O contingente de expulsos cresceu com os demitidos da construção e juntos formaram um núcleo chamado Monarquia Celeste.

O governo federal empenhou-se igualmente na sua destruição, com um saldo de mais de 20 mil mortos.

Nos dois casos, a lenda de que estes desterrados queriam destruir a república e restaurar a monarquia. Ah! Esses historiadores.

Nas cidades, preparavam outras invasões: sobre a revolta da vacina, no Rio de Janeiro de 1904, Rui Barbosa denunciava a verdadeira natureza do projeto:

> *A lei da vacina obrigatória é uma lei morta (...). Assim como o direito veda ao poder humano invadir-nos a consciência, assim lhe veda transpor-nos a epiderme (...). Logo, não tem nome, na categoria dos crimes do poder, a temeridade, a violência, a tirania a que ele se aventura, expondo-se, voluntariamente, obstinadamente, a me envenenar, com a introdução, no meu sangue, de um vírus, em cuja influência existem os mais fundados receios de que seja condutor da moléstia, ou da morte.*

Embora tenham subsistido esses relatos, outros tantos desapareceram encobertos por outras lendas e mitos.

A CIÊNCIA, A POLÍTICA E O SACI

O socorro viria, tanto quanto a gênese, pela palavra. Modificam-se os termos, a nomenclatura, a semântica, a gramática da cultura para que, aliadas a outras pressões, tais demandas sejam silenciadas.

Em 1846, a revista inglesa *The Athenaeum*, de Londres, publica um artigo do arqueólogo Willian John Thoms. Afirma o autor, sob o título "Folk Lore", que existiriam "coisas do povo", uma "ciência do povo", que daria conta de suas tradições, estabelecendo vasta pesquisa dos usos, costumes, canções, lendas, mitos e ditos populares de diversas regiões da Inglaterra. Era 22 de agosto, dia que ficaria, a partir de então, marcado como Dia Internacional do Folclore.

Antes disso, os pensadores do Reno já haviam estabelecido uma formulação do popular que apontava para a criação de uma ideia de povo, já que o povo real não era tão "bom" quanto desejavam. Os indícios dessa idealização podem ser apreciados no poema de T. Carew, poeta contemporâneo de John Donne, no qual se escancara o "mal" que deveria ser domesticado:

> *Miserável pobre diabo, és por demais presumido*
> *Ao reivindicares um lugar no céu, na altura,*
> *Só porque tua humilde choça, ou tua tina,*
> *Acalenta alguma virtude indolente ou farisaica*
> *Sob o sol barato ou pelas fontes sombrias*
> *Com raízes e hortaliças; onde tua mão direita,*
> *Arrancando as paixões humanas da cabeça,*

> *Em cujos troncos florescem formosas virtudes,*
> *Degrada a natureza e entorpece os sentidos,*
> *E, mão de Górgona, petrifica homens ativos.*
> *Ó pobres, não precisamos da enfadonha companhia*
> *De vossa compulsória abstinência*
> *Ou da desnaturada estupidez*
> *Que desconhece alegria ou tristeza; nem da forçada*
> *E passiva fortaleza, falsamente exaltada*
> *Como superior à ativa. Esta raça baixa e abjeta*
> *Que se aboleta na mediocridade*
> *Convém a espíritos servis; nós, porém, promovemos*
> *Apenas as virtudes que admitem excessos*
> *Atos bravos e generosos, magnificência régia,*
> *Prudência previdente, magnanimidade*
> *Que não conhece limite, e aquela virtude heróica*
> *Que a antiguidade não batizou de nenhum nome,*
> *Mas deixou modelos como Hércules,*
> *Aquiles e Teseu... Volta, ó pobre, à tua odiosa cela,*
> *E quando vires a nova e ilustrada esfera*
> *Procura ao menos saber quem eram esses heróis.*[20]

Já se podia divisar as trágicas consequências que essa "mão de Górgona" representava. Em outro poema (*Abel e Caim*), de Baudelaire, *As flores do mal*, o conflito toma corpo e nome, modelados num canto primordial:

---

[20] *In*: THOREAU, H. D. **Walden ou a Vida nos Bosques.** São Paulo: Global, 1984, p. 82-3.

Raça de Abel, só bebe e come,
Deus te sorri tão complacente.

Raça de Caim, sempre some
No lodo miseravelmente

Raça de Abel, teu sacrifício
Doce é ao nariz do Serafim!

Raça de Caim, teu suplício
Será que jamais terá fim?

Raça de Abel, tuas sementes
E teu gado produzirão;

Raça de Caim, sempre sentes
Uivar-te a fome como um cão.

Raça de Abel, não tremas nunca
À lareira patriarcal;

Raça de Caim, na espelunca,
Treme de frio, atroz chacal!

Raça de Abel, pulula! Ama!
Teu oiro é sempre gerador.

Raça de Caim, alma em flama,
Cuidado com o teu amor.

Raça de Abel multiplicada
Como a legião dos percevejos!

Raça de Caim, pela estrada
Arrasta a família aos arquejos.

Raça de Abel apodrecida
Há de adubar o solo ardente!

Raça de Caim, tua lida
Nunca te será suficiente;

Raça de Abel, eis teu label:
Do ferro o chuço é vencedor!

Raça de Caim, sobe ao céu
E arremessa à terra o Senhor![21]

Os dispositivos deveriam tomar forma na realidade numa operação de duplo sentido: ruidosa e silenciosa. O folclore seria o ruído, enquanto a tradição deveria ser calada com a baioneta do silêncio.

Eric Hobsbawn mostra como um vasto e complexo jogo de interesses passa a criar tradições que conferiam um movimento duplo: de um lado, sedimenta alguns privilégios de uma casta que necessita justificar seu poder

---

[21] BAUDELAIRE, C. **As Flores do Mal.** São Paulo: Max Limonad, 1981, p. 284-5.

pela via da tradição (o *kilt*, aquele saiote escocês, foi criado em 1898 e hoje acredita-se que existe deste o século XII), de outro, erradica de grupos "populares" fundamentados em tradições legítimas suas demandas políticas.

No Brasil, esta fértil combinação há de criar fundas raízes no imaginário coletivo. Em São Paulo, as elites cafeicultoras buscam arregimentar no bandeirismo prófugo os elementos, maquiados, de sua própria origem "quatrocentona".

Enquanto isso, diversas demandas típicas de resistências localizadas assumem um papel folclórico, ao serem retiradas de seus contextos. O saci-pererê, caracterizado como um "negrinho de uma perna só", tumultua a fazenda, dando nó na crina do cavalo, assustando as galinhas, perturbando a "paz" do cativeiro com suas "traquinagens"; no "bumba-meu-boi", o capataz da fazenda mata o boi preferido do patrão para satisfazer um desejo da mulher grávida. Tais ações jamais poderiam ser colocadas na ordem "natural" das coisas, senão nesta dimensão, folclorizada, esvaziada de seu potencial de atrevimento e de confronto, exilada de seu contexto.

É Barthes quem nos lembra que na operação de passagem da "história à natureza, o mito... abole a complexidade dos atos humanos, confere-lhes a simplicidade das essências, suprime toda e qualquer dialética", mostrando que esse "é o próprio processo da ideologia burguesa. Se a nossa sociedade é objetivamente o campo privilegiado das significações míticas, é porque o mito é formalmente o instrumento mais apropriado para a inversão ideológica que o define".[22]

Quanto ao mito do saci, é oriundo dos três troncos étnicos que participaram de nossa formação cultural. Acabou por tomar forma rígida, estática, aquela na qual sua atuação política pudesse representar menor temeridade. Em sua matriz europeia, segundo o inquérito biográfico realizado por Monteiro Lobato e referendado por Câmara Cascudo, muitos elementos folclóricos europeus explicam o gorro vermelho e a mão furada do saci. No depoimento do *Brasilophilo*, recolhido por Monteiro Lobato, atente-se à história da "segunda, terça, quarta" como excelente representante do arraigado componente europeu. O estudo de Renato da Silva Queiroz esclarece este e muitos outros pontos da convergência afro-caipira-tupi-guarani de que este mito está prenhe.

Outros estudiosos debruçaram-se sobre ele, dentre os quais Curt Nimuendaju, Leon Cadogan, Alfred Métraux, Pierre Clastres, Ruben Saguier e Marta Amoroso. Egon Schaden assim expressa sua matriz indígena:

> *(...) A figura do saci, outrora encontrada também entre os Tupinambá litorâneos e de há muito integrada no folclore rural brasileiro de todos os quadrantes, registrei-a entre os Nandéva e os Koyová. Os primeiros, no Araribá, chamavam-no de atsýygyá (...) tem aparência humana e é provido de duas pernas, mas pequeno, pretinho (por isso também conhe-*

---

[22] BARTHES, R. **Mitologias.** São Paulo: Difel, 1978, p. 163.

> *cido por Kambaí) (...) A sua força mágica está no bastãozinho que leva consigo. Tirando-lhe-se o bastãozinho, perde a força que possui. Gosta muito de fumo e pinga.*[23]

Sua matriz africana foi a mais difundida. Lydia Cabrera, que estuda a difusão da religião africana em Cuba, aponta Ossain, o Dono das Ervas, como o veículo de transposição que materializou por aqui a acomodação mítica. Médico, orixá, bruxo e clarividente, traz consigo um cambiante andar coxo e tem a propriedade de parar pelos caminhos os viajantes, atrás de fogo para o seu pito.

O saci amazônico é uma entidade carregada de malefícios em forma de chama azulada, espécie de fogo fátuo que vive a pregar peças aos viajantes e tem o sugestivo nome de Romão ou, como o chamam as crianças, Romãozinho.

Sua atuação nas fazendas, sua importuna presença negra materializou um padrão de permanência na cultura brasileira, explicada não somente pela coincidência descritiva, mas principalmente pela acomodação e explicação de atuações efetivamente implementadas no espaço das unidades produtivas que utilizavam mão de obra escrava. A capacidade de deslocamento de ações negativas, de

---

[23] SCHADEN, Egon. Aspectos da Cultura Guarani. *In*: JEKUPÉ, Olívio. **O Saci Verdadeiro.** Londrina: Editora UEL, 2000, p. 1.

destruição de propriedades, de agressão ao ambiente da fazenda, de sabotagem, não era uma inovação.[24]

O aparecimento do saci, como o conhecemos, coincide com as rebeliões escravas do século XIX.

O mito do Saci negro, de uma perna só e *barrete vermelho*, que incendeia as plantações, que espanta os animais e perturba a ordem, nasceu no Brasil, avançado o século XIX, quando uma onda negra, partindo das fazendas na região de Campinas, subiu pelo vale fluminense e atingiu o sul da Bahia.

Na intenção de erradicar o rastilho de pólvora que tais ações induziam, estimulando, aqui e ali, movimentos semelhantes, "nasceu" o mito de Saci.

Era lenda o movimento que invadia as fazendas, libertava escravos, incendiava as plantações e atazanava os animais. Era a lenda de um "negrinho" arteiro que adorava brincar pelas madrugadas.

Assim como o Bumba Meu Boi, passou por insubordinação no coração da unidade produtiva patriarcal, quando, exigido pela mulher grávida, o capataz mata o mais precioso boi da fazenda, a mito. Era lenda e precisava transformar-se em folguedo.

Jamais existiram tais ações, que não passavam de maquinações da engenhosa mentalidade popular.

---

[24] Ver MACHADO, Maria Helena. **O Plano e o Pânico.** São Paulo: Edusp, 1994; MACHADO, M. H. **Crime e Escravidão: uma história social do trabalho e da criminalidade escrava nas lavouras paulistas (1830-1880).** Dissertação de mestrado, USP, 1985; LARA, Silvia Hunold. **Campos da Violência.** Rio de Janeiro: Paz e Terra, 1988.

Era preciso erradicar quaisquer exemplos de natureza subversiva e nada melhor do que um bom mito, cujo aparecimento arremeteu para os confins da memória todas as demandas políticas que foram esvaziadas de seu conteúdo e preenchidas com o vácuo das carochinhas.

Uma análise como essa não ignora o conceito de circularidade de cultura, como apontou Mikail Bakhtin, tampouco a visão interclassista embutida no conceito de história das mentalidades. Afirma Ginzburg:

> *A existência de desníveis culturais no interior das assim chamadas sociedades civilizadas é o pressuposto da disciplina que foi aos poucos se autodefinindo como folclore, antropologia social, história das tradições populares, etnologia europeia. Todavia, o emprego do termo* cultura *para definir o conjunto de atitudes, crenças, códigos de comportamento próprios das classes subalternas num certo período histórico é relativamente tardio e foi emprestado da antropologia cultural. Só através do conceito de "cultura primitiva" é que se chegou de fato a reconhecer que aqueles indivíduos outrora definidos de forma paternalista como "camadas inferiores dos povos civilizados" possuíam* cultura. *A consciência pesada do colonialismo se uniu assim à consciência pesada da opressão de classe. Dessa maneira foi superada, pelo menos verbalmente, não só a concepção antiquada de folclore como mera coleção de curiosidades, mas também a posição de quem distinguia nas ideias, crenças, visões de mundo das classes subalternas nada mais do que*

> *o acúmulo desorgânico de fragmentos de ideias, crenças, visões de mundo elaboradas pelas classes dominantes provavelmente vários séculos antes.*[25]

Quando da emergência das chamadas classes subalternas ao centro do teatro de operações políticas que a Revolução Francesa e a Revolução Industrial proporcionaram, essa engenharia ideológica precisou de um novo e incrementado investimento. Assim, o conceito de folclore, claramente definido, ganha o estatuto disciplinar.

Desde meados do século XIX, o americanismo lança seus tentáculos sobre a América, especialmente sobre o Brasil. Agassiz, Thayer, Morgan, todos exploradores americanos, mapearam a natureza e a cultura de vastas regiões brasileiras no cenário conturbado da segunda metade daquele século, no qual figuram a guerra do Paraguai, os estertores da escravidão, o colapso do império e as vagas imigrantistas, redefinindo, no espaço urbano, novos grupos que emergiam com uma pauta inesperada de demandas sociais, políticas, culturais. Entre os estudiosos, avulta a figura de Charles Frederick Hartt e sua atuação na Comissão Geológica do Império.[26]

Tais bases, cientificistas, foram paulatinamente aprofundando relações que acabaram por assumir um estatuto perigoso e que alertavam uma significativa

---

[25] GINZBURG, C. **O Queijo e os Vermes.** São Paulo: Cia. das Letras, 1995, p. 16-17.

[26] Ver FREITAS, Marcus Vinicius de. **Hart: expedições pelo Brasil Imperial. 1865-1878.** São Paulo: Metal Livros, 2001.

camada de intelectuais nativos sobre os perigos do que "é bom para os Estados Unidos, é bom para a América", *slogan* chave do americanismo na forma que se desenhava naqueles inícios do século XX. O americanismo faz despertar reações de natureza não somente política, mas principalmente filosófica.

O MANIFESTO REGIONALISTA

Em 1926, acontece no Recife o primeiro encontro americano do "regionalismo", do qual emerge o Manifesto Regionalista, produzido por Gilberto Freire, envolvendo inúmeros intelectuais preocupados com os efeitos da política dos Estados Unidos e da Espanha. Afirmava Gilberto Freire:

> *(...) alguns estudiosos da situação internacional social como ela se tem desenvolvido no mundo desde a Revolução Industrial da Europa – a conquista industrial do mundo baseada em ideais de estandardização de todos os países de acordo com os padrões dos Estados capitalistas mais poderosos – reconhecem a necessidade de um regionalismo criador em oposição aos muitos excessos da centralização e da unificação política e da cultura humana, estimuladas não só politicamente mas economicamente por forças e interesses imperialistas.*[27]

---

[27] FREIRE, Gilberto. **Interpretação do Brasil.** Unidade e diversidade: nação e região. São Paulo: Cia. das Letras, 2001, p. 156.

Os intelectuais acreditavam que tal fortalecimento teria o poder de impedir que se alastrassem fenômenos danosos como o imperialismo.

Duas vertentes se tocam e devem ser conciliadas.

De um lado, a tradição, fundamentada no costume e na oralidade, via-se tolhida, conformada, espremida, redimensionada pela "gramática" textual, claramente elitista e limitante. No Brasil, a representação plena desse confronto se dá em Canudos. O mundo letrado contrapõe-se ao mundo da oralidade e cria um padrão. A memória contrapõe-se à história, a narrativa ao evento, Euclides da Cunha a Euclides da Cunha, e as categorias do arcaico, do moderno, consomem a forja que no fundo oculta outro problema, o fato de que, neste novo país que se estava redescobrindo, muitos não poderiam ter direito à existência concreta e material.

O folclore, por aqui, teve outra dimensão, outro propósito, que levemente tangencia aquele, d'além-mar. Sílvio Romero justifica tal proposição:

> *Os que sabemos ser a lei máxima de todos os fenômenos da história, como a de todos os fenômenos do mundo físico, a lei da evolução, cuja fórmula mais completa é aquela que é devida ao gênio de Herbert Spencer, os que sabemos que não podem existir fatos sem antecedentes imediatos, sem a passagem de um estado homogêneo e incoerente a um estado de diferenciação e coerência (...).*[28]

---

[28] ROMERO, Sílvio. **Doutrina contra Doutrina.** São Paulo: Cia. das Letras, 2001, p. 65.

Assim, o moderno se sobrepunha ao arcaico, do mesmo modo como a escritura se sobrepunha, naturalmente, à oralidade. Uma lei da evolução.

Daí o papel do intelectual, preocupado em dimensionar sua energia no sentido da acomodação: de um lado, o fenômeno interno, de forças locais que ganham dimensão nacional (Canudos, a Guerra dos Pelados em Santa Catarina, o episódio na região do Cariri, envolvendo Padre Cícero) e, de outro, a pressão externa, camuflada pelo "universalismo", cuja melhor resposta viria, segundo alguns intelectuais, pelo fortalecimento do regional diante da vasta rede de complexidades que representava o confronto entre o nacional e o supranacional.

Não foi à toa que esses intelectuais se voltaram para o folclore, que acomodava os dois fenômenos, erradicando do primeiro qualquer perigo de transformar-se em demanda política das camadas populares.

Todos os intelectuais que passaram a ser também folcloristas têm aproximações com o integralismo (Câmara Cascudo, Alfredo Barroso, etc.), todos eles eivados dos rigores e objetividades que aspiravam para a nova ciência das miudezas humanas.

Já em São Paulo esta dinâmica movia grupos de interesses distintos numa pauta cuja contingência não somente os aproximava, mas assumia uma eloquente uniformidade.

Observemos o caso de Afonso D'Escragnole Taunay e de sua operação paulista. A capilaridade intentada por sua história paulista no bojo da história pátria tinha muito mais profundidade que apenas realçar os aspectos hegemônicos de um Estado-locomotiva.

Seu compromisso em revelar esta história se deve, em grande medida, a um projeto de Washington Luís, então prefeito da capital e futuro presidente do Estado. No correr da segunda década do século XX, Washington Luís manda publicar farta documentação, tendo São Paulo como centro de preocupações, às expensas do governo do Estado. Além disso, estimula dois historiadores a escarafunchar tal calhamaço de ineditismo: Taunay e Alfredo Ellis Jr. Resultam dessa primeira investida os livros *São Paulo nos primeiros anos* e *São Paulo no século XVI*, de Afonso Taunay, e *O bandeirismo paulista e o recuo do meridiano,* de Alfredo Ellis Jr. Essa junção dos interesses do Estado e de uma casta de historiadores adequava-se perfeitamente à lógica constitutiva de elites já bastante ramificadas no Estado: família Prado, com vários historiadores filiados ao IHGSP, os Souza Queiroz, Piza e Almeida, Mesquita, todas com inúmeros componentes do mesmo instituto.[29]

"A história de São Paulo é a própria história do Brasil".[30] Com esta máxima, no primeiro volume da revista do Instituto Histórico e Geográfico de São Paulo, inaugurava-se oficialmente o projeto hegemônico paulista.

---

[29] FERREIRA, Antonio Celso. **A Epopeia Bandeirante.** São Paulo: Ed. Unesp, 2002, p. 103-4.

[30] **Revista do Instituto Histórico e Geográfico de São Paulo**. Vol. 1, p. 1895.

A massa documental publicada por Washington Luis seria o impulso necessário desta empreitada. Le Goff afirma:

> *No final do século XIX, Fustel de Coulanges pode ser tomado como um testemunho válido de como* documento *e* monumento *se transformaram para os historiadores. Os dois termos encontram-se, por exemplo, nas clássicas páginas do primeiro capítulo de* La Monarchie franque *[1888, p. 29, 30, 33]: 'Leis, cartas, fórmulas, crônicas e histórias, é preciso ter lido todas estas categorias de* documentos *sem omitir uma única... Encontramos no curso destes estudos várias opiniões modernas que não se apoiam em* documentos*; deveremos estar em condições de afirmar que não são conformes a nenhum texto, e por esta razão não nos cremos com o direito de aderir a elas. A leitura dos* documentos *não serviria, pois, para nada se fosse feita com ideias preconcebidas... A única habilidade (do historiador) consiste em tirar dos documentos tudo o que eles contêm e em não lhes acrescentar nada do que eles não contêm. O melhor historiador é aquele que se mantém o mais próximo possível dos textos'.*[31]

Esse projeto estratégico haveria de encontrar no modernismo um aliado inesperado. Uma nova estética, definindo uma verdadeira ruptura com a tradicional

---

[31] LE GOFF, J. **Documento/Monumento. Enciclopédia Eunaudi**. Vol. I. Lisboa: Imprensa Nacional, Casa da Moeda, 1984, p. 96.

gramática que uniformizava não somente os confrontos artísticos, mas principalmente suas arcaicas instituições de arquitetura clássica e de envelhecidos rábulas de uma clássica sisudez, ganhava todas as tonalidades argumentativas do progresso e do moderno que o Estado encabeçava.

Se a primeira descoberta do Brasil é um fato histórico indiscutível, a segunda, ocorrida após a abertura das comportas coloniais, em pleno século XIX, será uma descoberta científica, com uma miríade de cientistas, botânicos, geólogos, estudiosos que palmilharam a natureza e a população para revelá-las ao mundo; a terceira será cultural, por obra e graça dos próprios brasileiros que, a partir da década de 1920, percorrerão os confins do território na tentativa de registrar as manifestações culturais populares, tais como a missão de pesquisas folclóricas.

Essa terceira descoberta há de ser implementada por três grupos de exploradores. Em 1924, Mario de Andrade, Oswald de Andrade e Tarsila do Amaral viajam pelo interior de Minas Gerais num *tour* rastreador de um outro Brasil, que irá culminar na missão de pesquisas folclóricas pelas regiões ignotas do nordeste e norte do Brasil em 1938; na educação, patrocinados por Júlio de Mesquita Filho, um grupo de intrépidos educadores avança sobre os Estados na tentativa de redesenhar uma educação verdadeiramente nacional, dentre os quais Lourenço Filho e Fernando de Azevedo; na história, Gilberto Freire inova, organizando aquele que foi provavelmente o primeiro congresso regionalista realizado em toda a América, no Recife, em 1926; folcloristas ameaçam dar visibilidade a especificidades locais, a sujeitos históricos que, sob a ótica do folclore, serão erradicados de seu contexto, ultrapassando a linha tênue que separa a existência histórica da existência mítica: Alfredo Barroso, Luis da Câmara Cascudo, Amadeu Amaral escarafuncham a nomenclatura de cada uma de suas regiões atrás de uma antiquária popular que fosse harmônica em sua rede de conexões e significados.

Naquela viagem, em 1924, um trem para Minas carrega Oswald e Mário de Andrade, Tarsila do Amaral, dentre outros. A orgulhosa genealogia desta remonta a Tibiriçá, a João Ramalho e a Brás Cubas: é paulista o modernismo e tem algo de Piquerobi em suas admoestações.[32] Daí que o olhar sobre os montes, os casebres e as candongas será um olhar reformador, na medida em que anseia por recolher os dados que a modernidade pode fazer desaparecer. Encarcera-se o arcaico, preservado numa caixa de curiosidades, e instala-se em seu lugar o moderno, voz hegemônica de um centro irradiador.

Tarsila do Amaral nos traz algo daquela viagem de descoberta:

> *Minha pintura a que chamavam de pau-brasil teve sua origem numa viagem a Minas, em 1924, com d. Olívia Guedes Penteado, Blaise Cendrars, Mário de Andrade, Oswald de Andrade, Gofredo da Silva Telles e René Thiollier. O contato com a terra cheia de tradição, as pinturas das igrejas e das moradias daquelas pequenas cidades essencialmente brasileiras – Ouro Preto, Sabará, São João d'El Rei, Tiradentes, Mariana*

---

[32] Academia Paulista de História. Ano XV – nº 92, Março/2002, p. 5

e outras – despertaram em mim o sentimento de brasilidade. Datam dessa época as minhas telas Morro da favela, Religião brasileira *e muitas outras*.[33]

Alguns anos antes, entre 1894 e 1897, num esforço modernizante nem um pouco isolado, dois engenheiros (Aarão Reis e Francisco Bicalho) responsabilizaram-se pela construção da moderna Belo Horizonte, substituindo a "velha e decadente" Ouro Preto como Capital do Estado, na esperança de que fosse substituído de arraiais coloniais o povo de "faces doentias" e "esgrouvirados das costas" por "novos cidadãos civilizados", condizentes com esses novos espaços urbanos.[34]

Que paradoxo explica o interesse de nossos modernistas por esses rincões tão "atrasados"?

A EDUCAÇÃO COMO REDUÇÃO, REPRODUÇÃO E PRECONCEITO

Passados os primeiros anos da República, com o final da segunda década do século XX chegara-se à conclusão de que a educação deveria responder às novas demandas que o século trazia, a incorporação de um maior número de indivíduos, oriundos de um aumento geral da população

---

[33] AMARAL, Tarsila. *In*: **Catálogo da Exposição Tarsila 1918-1950**. São Paulo: Museu de Arte Moderna.

[34] VEIGA, C. G. Educação estética para o povo. *In*: **500 Anos de Educação no Brasil**. Belo Horizonte: Autêntica, 2000, p. 402-403.

e da emergência de novas camadas sociais deslocadas os pequenos mundos que também por aqui os havia.

Implementa-se a reforma do ensino, de 1917 a 1920, sob a tutela de Sampaio Dória e de Oscar Thompson, que tinha como meta preparar o novo cidadão para a construção deste novo país.

Uma vez mais estava por trás destas ações a questão da raça. O imigrantismo havia sido implementado, dentre outras razões, visando ao branqueamento que esta avalanche europeizante poderia proporcionar.[35] Contudo, as desilusões deste caminho logo se fariam claras, assumindo seu ápice nas greves de 1917 e 1918:

> *Hoje não há quem não reconheça e não proclame a urgência salvadora do ensino elementar às camadas populares. O maior mal do Brasil contemporâneo é a sua porcentagem assombrosa de analfabetos. (...) O monstro canceroso, que hoje desviriliza o Brasil, é a ignorância crassa do povo, o analfabetismo que reina do norte ao sul do país, esterilizando a vitalidade nativa e poderosa de sua raça.*[36]

---

[35] Tal afirmativa ganha relevância quando analisamos as falas presentes no Congresso Agrícola realizado no Rio de Janeiro em 1878, principalmente p. 39 e 228. Publicação fac-similar da Fundação Casa de Rui Barbosa, Rio de Janeiro, 1988.

[36] DORIA, S. **Questões de Ensino.** São Paulo: Monteiro Lobato Ed., 1923, p. 15.

No mesmo texto, Sampaio Dória concluiria que o analfabetismo deveria ser enfrentado sob o risco de o Brasil ser "dentro de algumas gerações absorvido pelo estrangeiro que para ele aflui".

A reforma implementada a partir de 1917 tinha se iniciado com a chamada reforma Caetano de Campos, que instituiu a Escola Modelo, anexa à escola Normal, cujo objetivo explícito era expandir para os outros Estados, consolidando a hegemonia já capitaneada pela economia, com o café. Inúmeros técnicos vêm de outros Estados avaliar o modelo para transplantá-lo a seus Estados de origem.[37]

Naquela oportunidade, dava-se ênfase à capacidade de observar, a partir mesmo da formação do professor, que não poderia jamais "ser mestre em tais assuntos sem ter visto fazer e sem ter feito por si". Na escola Modelo, ele poderia "ver como as crianças eram manejadas e instruídas". Daí seu princípio irradiador e hegemônico. Podemos apenas inferir sobre a morosidade de sua implementação e o elitismo de seu atendimento.

Os limites desse experimento se fizeram logo claros, quando expressivas parcelas da população ameaçavam a ordem. No periódico anarquista *A Vida*, de 15 de dezembro de 1914, escreve João Penteado:

> *(...) as escolas sempre mereceram e ainda merecem as mais fortes, as mais sérias preocupações*

---

[37] CARVALHO, M. M. C. de. Reformas da instrução pública. *In*: LOPES, E. M. T., FARIA FILHO, L. M. e VEIGA, C. G. [Org.]. **500 Anos de Educação no Brasil.** Belo Horizonte: Autêntica, 2000, p. 226.

> *da parte dos mais argutos e perspicazes chefes de nações e ministros religiosos, que se dão ao trabalho de monopolizar o ensino público para se precaverem contra o progresso das ideias novas que levam os trabalhadores à revolta, à luta, à guerra contra todas as explorações do homem pelo homem, contra todas as injustiças, contra todos os privilégios sociais.*[38]

Reportando-se a Leibnitz, pronunciavam: "Fazei-me senhor do ensino e eu me encarrego de transformar a face do mundo".[39] Essa é a voz de um sem-número de vozes cada vez mais rebeldes à ordem estabelecida. O grupo paulista colocava a alfabetização como condição *sine qua non* da nacionalidade. Para tanto, instituiu-se a escola alfabetizante de dois anos, que deveria estender-se à zona rural, para dar conta de enorme clientela imigrante, tendo como método pedagógico o intuitivo, além das seguintes características:

> *1º – instrumento de aquisição científica, como aprender a ler e escrever; 2º – educação inicial dos sentidos, no desenho, no canto e nos jogos; 3º – educação inicial da inteligência no estudo da linguagem, da análise, do cálculo e nos exercícios de logicidade; 4º – educação moral e cívica, no escotismo, adaptado à nossa terra e no conhecimento de tradições e*

---

[38] PENTEADO, J. As escolas e sua influência social. *In*: **A Vida,** Ano I, nº 2, Rio de Janeiro, 31 de Dezembro de 1914, p. 8.

[39] **A Vida.** Nº 5, de 31 de março de 1915, p. 14.

grandezas do Brasil; 5º – educação física inicial, pela ginástica, pelo escotismo e pelos jogos.[40]

Os princípios da eugenia e do nacionalismo estavam ali contemplados, além de uma moralização que tinha aspiração de uniformidade e homogeneização, numa experiência nova, se pensarmos nas classes maiores que o modelo admitia. Para tanto, procurou-se implementar um modelo arquitetônico cuja monumentalidade garantisse, até certo ponto, parte do impacto que o pedagógico completaria.

Tinha início uma longa cadeia organizacional, de vigilância e adestramento patriótico, tão bem captada por Affonso Romano de Sant'Anna, que deixa registrada sua surpresa sob o título *O Burro, o Menino e o Estado Novo*:

> *(...) e já não há mais fronteira*
> *entre a gravura e meu corpo*
> *entre o menino e a carteira*
> *entre o que é cena primária*
> *e o que é cena brasileira*
> *Tatuado, amarelo e verde, meu corpo*
> *virou bandeira.*[41]

---

[40] ANTUHA, H. C. G. **A Instrução Pública no Estado de São Paulo. A Reforma Sampaio Doria.** São Paulo: FEUSP, 1976. Coleção Estudos e Documentos.

[41] NUNES, C. (Des)encantos da modernidade pedagógica. *In*: **500 Anos de Educação no Brasil.** op. cit., p. 371.

A estas intenções ainda restaria um longo percurso para se acomodarem na prática escolar; essa metafórica invasão dos corpos haveria de começar pela postura e pela civilidade dos gestos e dos rituais urbanos.

Essa forma de educação popular, reduzindo de quatro para dois anos o período de alfabetização, gerou inúmeros questionamentos que assumiram um lema geral: "Ensino primário incompleto para todos ou ensino integral para alguns"? Na prática, a resposta seria reajustada de sua matriz liberal, de educação para todos, para uma tentativa de reforma da mentalidade e dos costumes, fruto do choque entre as novas realidades urbanas e o "paupérrimo" cenário rural. Diz-nos Marta Maria de Carvalho, citando Lourenço Filho:

> *Levar a escola aos sertões brasileiros, banindo a ameaça representada pelo êxodo migratório e enraizar extensivamente os serviços escolares nos grandes centros urbanos são as metas do programa modernizador que as reformas educacionais dos anos 20 põem em cena. Mas na realização desse programa, o lema não é mais a luta contra o analfabetismo. Reformar a Instrução Pública passa a se configurar como estratégia política que gradativamente abandona a matriz liberal que havia norteado a Reforma Sampaio Dória e as campanhas de alfabetização desenvolvidas sob o lema "representação e justiça"; estratégia política cujo alvo passa a ser "uma grande reforma de costumes, capaz de ajustar os homens a novas condições*

> *e valores de vida, pela pertinácia da obra de cultura, que a todas as atividades impregne, dando sentido e direção à organização de cada povo".*[42]

A modernização somente se completaria quando os rudimentos que haviam provocado Canudos fossem substancialmente alterados. A educação se apresentava como ferramenta mais adequada a este projeto. Além de dar continuidade ao projeto hegemônico do mais moderno de todos os Estados da Federação, o projeto paulista passava a ser entendido como o projeto da nação.

Como mecanismo de controle, a educação haveria de sofrer forte correção de método, tendo no comportamento seu ponto fulcral, já que os códigos que promoviam a convivência urbana deveriam ser compartilhados por cada um de seus membros. Essa refringência[43] na nomenclatura comportamental seria efetuada por contágio, mas haveria de atingir os pontos em que se originavam, pelo menos, os migrantes.

Mensageiros seriam enviados para os limites da civilização, levando as boas novas dessa educação formativa e, aparentemente apenas, perfunctória.

---

[42] CARVALHO, M. M. C. de. Reformas da instrução pública. *In*: **500 Anos de Educação.** op. cit., p. 233.

[43] "A educação histórica da escola não só forma; também deforma as nossas perspectivas e refrange os nossos raios visuais" (FIGUEIREDO, Fidelino de. **Entre Dois Mundos**, p. 142).

O projeto hegemônico pode ficar mais claro, se visualizarmos o avanço sobre outros Estados: em 1924, Lourenço Filho vai ao Ceará; no mesmo ano, Carneiro Leão chega ao Rio de Janeiro e Lisímaco da Costa ao Paraná; um ano depois, Anísio Teixeira chega à Bahia e, em 1927, Fernando de Azevedo assume o Distrito Federal; em 1930, Francisco Campos leva a ideia da reforma até Minas Gerais. O que querem estes senhores? Compreendem, como Campos Sales, que

> *é de lá (dos Estados) que se governa a República por cima das multidões que tumultuam, agitadas, nas ruas da capital da União.*[44]

São Paulo deveria canalizar, com sua energia, os métodos e os projetos de governança. Vibrava na pauta política o "entusiasmo pela educação".[45] Mas era preciso cautelosamente erradicá-la de suas implicações políticas. Era de interesse das oligarquias pactuadas deslocar o foco educacional de seu componente crítico, que ameaçaria (segundo nossas crenças ainda tão atuais), com seu esclarecimento, as mesmas oligarquias, para a questão

---

[44] CARVALHO, J. M. O Rio de Janeiro e a República. *In*: **Revista Brasileira de História.** São Paulo: ANPUH/Marco Zero, v. 5, nº 8/9, set. 1984/abril/1985.

[45] NAGLE, Jorge. *E*ducação e Sociedade na Primeira República. São Paulo/Rio de Janeiro: EPU/Fundação Nacional de Material Escolar, 1976, p. 97-124.

patriótica e técnica, moldando o caráter e preparando mão de obra para o modelo produtivo.[46]

Em torno da Associação Brasileira de Educação se constituiu uma verdadeira campanha cívico-educacional, que elaborou um eficaz discurso crítico às campanhas de alfabetização aos moldes das Ligas Nacionalistas, das quais Sampaio Dória era integrante.

O cerne educacional da reforma Sampaio Dória consistia na redução dos anos de estudo para uma massiva alfabetização popular, caminho pelo qual se acreditava combater as oligarquias fortalecidas e os coronéis que a república havia engendrado. A ideia era republicanizar a república.

Para os participantes da Associação Brasileira de Educação, dentre os quais Anísio Teixeira, esse caminho representava um perigo ainda maior. Contra-argumentavam que a pressa em "ensinar a ler, escrever e contar aos adultos iletrados" constituía um perigo, antes deveríamos "cuidar seriamente de educar-lhes os filhos, fazendo-os frequentar uma escola moderna que instrui e moraliza, que alumia e civiliza".[47] Promoviam um deslocamento es-

---

[46] Essa discussão já foi exaustivamente investigada em CARVALHO, M. M. C. **Molde Nacional e Fôrma Cívica: higiene, moral e trabalho no projeto da Associação Brasileira de Educação (1924-1931)**. São Paulo: USF, 1998. FAUSTO, B. [Org.]. **O Brasil Republicano. Sociedade e Instituições (1889-1930)**. Rio de Janeiro: Difel, 1977, t. III, v. 2. Col. História Geral da Civilização Brasileira, p. 261-91.

[47] TEIXEIRA, A. apud CARVALHO, M. M. C. **Anísio Teixeira: itinerários.** op. cit., p. 4

tratégico ao grande mal do analfabetismo. As elites é que deveriam ser educadas, afinal, elas estariam mal preparadas para o governo de tipo republicano. Com um ensino de qualidade, e não com sua massificação, a educação contribuiria para a verdadeira consolidação da República.

Os argumentos para alterar os procedimentos que universalizariam a alfabetização embutiam forte apelo político. A instrução passava a ser encarada como uma arma e, como tal, carecia de mediação e, principalmente, de comedimento em sua implementação.

A VIAGEM AO CORAÇÃO DAS TREVAS OU UMA TEMPORADA NO INFERNO

Lourenço Filho desembarcou no Ceará em meados de 1924 e participou de um evento que parecia reencarnar Canudos, confirmando em todos os pontos o acerto do projeto modernizador que ele carregava na bagagem e a legitimidade de sua proposição.

Suas aventuras foram descritas no livro *Juazeiro do Padre Cícero*,[48] obra premiada pela Academia Brasileira. Deixemo-lo tomar nossa mão, guiando-nos através do rubicão ressecado que divide a civilização da barbárie, mesmo que sectário, mas que há de revelar por esse mesmo sectarismo qual projeto o sustém.

Toda expressão de modernidade não resiste à pouca distância que separa o litoral do caminho do sertão. A in-

---

[48] FILHO, L. **Juazeiro do Padre Cícero.** São Paulo: Companhia Melhoramentos, 1928.

salubridade que caracteriza esses dois instantes transforma-os em séculos. Duas metáforas do autor ilustram o caminho em direção ao horror. A primeira, semântica, e a segunda, luminosa:

> *Ao avistar um adro de igreja, em freguesia pouco arredada da costa, em dia santo, à hora da missa, na vinheta evocativa de um renque de coqueiros esguios, ou de mangabeiras frondosas, debaixo de cujas folhas largas e poeirentas, muito raro, um Ford põe uma única e escandalosa nota de vida presente, há de dizer, por força: "Era assim, no tempo do Império...". Ao verificar, pouco além, as condições da vida rural de muitos pontos do sertão, onde o fator "braço humano" é de tal desvalia que chega a ser empregado, normalmente, no transporte de cargas e se oferece como força motriz às engenhocas de cana e "bolandeiras de mandioca", há de pensar consigo mesmo, irresistivelmente: "Devia ter sido assim, no tempo da escravidão...". E, ao internar-se, depois, pelas vastidões semiáridas, onde em cada um dos mal assinalados arraiais uma dezena de homens se entrega à exploração precaríssima da criação de gado bovino ou caprino, onde a alimentação que lhe ofertam é, as mais das vezes, um prato de farinha seca ou uma mancheia de frutos silvestres, onde os tristes casebres semelham "ocas", e os utensílios mais elementares reproduzem os dos tapuias primi-*

> *tivos, com as mesmas denominações originárias, há de exclamar, convicto: "Havia de ter sido assim, na época da Independência...".*[49]

Essa dinâmica retrógrada tem implicações surpreendentes, mas é de bom alvitre assinalar o seu atraso:

> *A luz elétrica se torna gás acetileno; depois, lampião belga; em seguida, candeeiro; mais tarde, candeia de óleo de mamona... Os muros se tornam sucessivamente cercas de arame, divisões de varas pacientemente trançadas, valados singelos, desaparecendo por fim, para deixar em comum todas as terras... E o "mundo velho sem tranqueira!..." Aí, o sistema tributário chega ao imposto do dízimo "in natura"; a medicina, ao "chá de pinto"; a linguagem sustenta formas quinhentistas e denominações tapuias das raças primitivas. Raríssimo nessas alturas, o estrangeiro é chamado ainda, colonialmente, de "marinheiro"; a capital se assinala com o nome de origem: o "forte"; o diabo é o "cão" ou o "capiroto"; a forma comum do pedido de socorro evoca o "aqui--del-Rei"; a moeda, por muitos pontos, apelida-se de "dobrão"; "ir queixar-se aos da Bahia" é uma forma que ainda se ouve para significar reclamação às autoridades; os "reisados de bichos" e o "bumba meu boi" são o melhor divertimento popular... Mil remi-*

---

[49] Idem, ibidem, p. 15.

niscências seculares, que marcam, pela constância, estranha parada no tempo.[50]

Isso implica uma imprópria miscigenação. Mais ao litoral ainda encontramos o branco ariano, "demonstrando a preponderância de nossa gente de hoje". Quando avançamos na direção do interior, o forte caldeamento das três raças vai aparecendo, até restar, no fundo desse sertão indômito, índios puros, com ideias cristãs na cabeça e "calças de azulão".

Esse fenômeno, que pode ser assinalado em outras e longínquas paragens do interior do Brasil, aqui está ao alcance da estrada de ferro. O autor descreve essa descida aos infernos pela janela do trem que liga Fortaleza a Baturité. O fator mesológico tem influência determinante nesse aspecto geral de atraso e abandono. Secas intermitentes assolam com especial crueldade essas populações, cuja deformidade geral se nos apresenta como uma característica indelével de tardes intermináveis de insolação e miragens, típicas dos desertos.

Será no coração do Crato, ponto final da viagem,[51] que nosso autor vai encontrar a chamada "Meca dos Sertões", a terra do Padre Cícero.

Talvez compense trazer a lume o foco irradiador que estava por detrás desse avanço, até certo ponto furioso, sobre as mazelas regionais. Em 15 de novembro de 1925

---

[50] Idem, ibidem, p. 20.

[51] Há muita semelhança com **No coração das trevas**, de Joseph Conrad, e com **Apocalipse Now,** baseado no mesmo livro.

é publicado em *O Estado de S. Paulo*, por seu proprietário, Julio de Mesquita Filho[52], o opúsculo *A Crise Nacional*,[53] no qual, o então mecenas, que reunia em torno de si um significativo grupo de intelectuais, tece uma série de reflexões em torno de uma data, mais especificamente o 13 de maio de 1888.

No texto, o autor louva o grande desenvolvimento dos meios de comunicação, advindos com a república, "permitindo que a ação das elites se tornasse muito mais eficaz no seio das massas esparsas pela vastidão territorial do país",[54] sobretudo a partir dos eventos do 13 de maio que mergulharam o País num sobressalto jamais enfrentado anteriormente. A imagem utilizada por

---

[52] Julio de Mesquita Filho era filho de Julio de Mesquita, que dirigiu no jornal *O Estado de S. Paulo* forte campanha abolicionista e republicana, colocando-se, a partir de 1902 contra o poder das oligarquias. Apoiou a candidatura Ruy Barbosa na chamada campanha civilista de 1909/1910, perdida para Hermes da Fonseca. Julio de Mesquita Filho apoia igualmente a campanha nacionalista implementada em 1915 pelo jornalista e poeta Olavo Bilac (1865-1918), cujo ponto central consistia na obrigatoriedade do serviço militar, com o intuito de melhorar a educação tanto no plano intelectual quanto, e principalmente, cívico. Na chamada Revolução Constitucionalista de 1932 será preso e deportado para Portugal. Entre os anos de 1939 e 1943, seu jornal será ocupado por agentes da ditadura Vargas que passaram a editar a publicação. Informações do *site* JTWeb-Editoria.htm.

[53] MESQUITA FILHO, Julio de. **A Crise Nacional**. São Paulo, Seção de Obras de *O Estado de S. Paulo*, 1925.

[54] Idem, p. 4.

Julio de Mesquita Filho não deixa dúvidas de seu local de fala, quando, de uma hora para outra, o impacto de um grande número de ex-escravos adquire prerrogativas constitucionais:

> *A esse afluxo repentino de toxinas, provocado pela subversão total do metabolismo político e econômico do país, haveria necessariamente de suceder grande transformação na consciência nacional que, de alerta e cheia de ardor cívico, passou a apresentar, quase sem transição, os mais alarmantes sintomas de decadência moral.*[55]

A linguagem científica e a metáfora biológica agudizam ainda mais a força da imagem. Toxinas, assim o autor escancara a similitude das massas de escravos libertos em 13 de maio, desconsiderando o esfacelamento da instituição escravista que já vinha se acentuando desde, pelo menos, 1850.

Seu discurso marca o ponto que aproxima a questão racial do território político. Assim:

> *(...) já decorridos alguns lustros depois que a lei da libertação do elemento servil fora assinalada e que os seus beneficiários haviam transposto definitivamente os portões da senzala, desceu o nível moral da nacionalidade na proporção da mescla operada. O contato do africano, oprimido e aviltado, sem uma*

---
[55] Idem, p. 11.

> *sombra sequer de sentimento cívico, além de quebrar a unidade psíquica indispensável às vibrações da multidão, preparou o terreno para o advento dos costumes políticos a que até hoje estamos sujeitos.*[56]

Essa mescla atingiu bem mais que a fisionomia brasileira. Devido ao trato habitual com o escravo, o branco senhorial infenso ao mando logrou operar uma reforma política em sentido inverso, subvertendo nossa "natural" trajetória democrática por um caprichoso arranjo de interesses que colocavam sob sua proteção "quantos pretendessem um lugar nos congressos estaduais ou federais".[57] Estava decretada a oligarquia, vista aqui como uma reação das elites à enxurrada de negros ex-escravos que poderiam subitamente adquirir *status* de cidadania política, a enfraquecerem o estado geral da nação com sua árida disposição das práticas políticas, mas com seu exorbitante sentido de negociação.

Uma forte migração trouxe das unidades produtivas desorganizadas esses elementos para o espaço urbano, mormente para as grandes cidades do litoral, onde grassava uma intelectualidade sofisticada, que, em pouquíssimo tempo, viu-se alijada de suas prerrogativas, dando lugar a um novo tipo de político profissional, cuja sintonia com as novas e incultas massas celeradas mais os aproximaria dos caudilhos tipificados pelas extensões desse continente de retalhos e rebotalhos.

---

[56] Idem, p. 13.

[57] Idem, p. 16.

Outra não poderia ter sido a atitude do governo central, principalmente implementada por Prudente de Morais, Campos Sales e Rodrigues Alves, que mantiveram o regime presidencial federativo erradicando-lhe qualquer possibilidade descentralizadora.

Completando esse ciclo que arrefeceu nosso impulso nacional, temos o grande afluxo de imigrantes europeus, que para cá afluíram obcecados pelo lucro e indiferentes a qualquer interiorização, quer da vida pública, quer dos aspectos da nacionalidade. Se algum benefício adviera desse novo êxodo, foi escoimar e diluir a pressão que o elemento negro exercitara "negativamente" em nossa prática política.

(...) E se a ação do elemento branco, oriundo do ultramar, se tornava perniciosa enquanto se não dava a sua integração na nacionalidade, a sua presença em determinadas regiões ia afastando a toxina africana, de todo em todo incapaz de participar da nova fase de atividade em que entráramos.[58]

Segundo essa gente, elemento negro deveria estar fora do ciclo histórico que o aprimoramento republicano inaugurava. Mas outro fenômeno estava sendo urdido nos contrafortes da história.

De natureza eminentemente econômica, entre o primeiro e o segundo quinquênio do século XX, ocorre rumoroso retalhamento das antigas propriedades lati-

---

[58] Idem, p. 23.

fundiárias em inúmeros e prosaicos nichos de pequenos agricultores que representam 45% de todo o território paulista, segundo o autor.[59] Um importante influxo industrialista fez aumentar significativamente a massa de salários geral da população, o que provocou o divórcio entre a população e os políticos profissionais, consubstanciando uma nova fase nos moldes nacionalistas dessa mesma população. Tinha início a campanha civilista, propugnada por Ruy Barbosa.

A EDUCAÇÃO COMO PANACEIA

Na análise de Julio de Mesquita Filho estava inscrito um vasto segmento de classe, característico de uma elite ilustrada segundo os moldes spencerianos, impregnado de uma educação intelectual, moral e física, cuja funcionalidade haveria de ser mais aguda na medida mesma de sua uniformização através do território. No diagrama que se abria, parecia ainda obscuro o caminho mais apropriado, exceto que a superação das oligarquias se colocava como imperativo histórico ao desenvolvimento geral que, ironicamente, a própria libertação dos escravos obliterava.

Nestes termos ele colocava o problema:

(...) o Brasil está atravessando uma fase de regeneração social, por enquanto apenas sensível em alguns Estados, mas cujos resultados são patentes. O seu aspecto atual, de todo em todo dessemelhante

---

[59] Idem, p. 26.

> *do que se seguiu à implantação da República, explica
> e ilustra os acontecimentos atuais de maneira bem
> diversa do que pretendem fazer crer os escribas ofi-
> ciais. A crise atual nada mais é, pois, do que o resul-
> tado da resistência que, à eclosão definitiva das novas
> energias nacionais, pretende opor o elemento rema-
> nescente da época em que o Brasil sofreu o colapso a
> que não podia fugir, dada a libertação repentina de
> dois milhões de africanos, em 1888.*[60]

O exemplo mais indicado, segundo Mesquita, são os Estados Unidos, que, ao tempo de sua primeira Constituição, enfrentavam problema semelhante, ou seja, Estados em diferentes graus evolutivos. A solução foi guiada "pelos gênios políticos da raça": conceder autonomia constitucional aos Estados com maior capacidade político-administrativa, enquanto os demais aguardavam pela "maturação política indispensável".[61]

Equivocadamente, o Brasil distribuiu as mesmas prerrogativas constitucionais "ao Amazonas e ao Rio Grande do Sul, ao Ceará e a São Paulo, a Mato Grosso e a Minas Gerais". Excetuando poucos Estados que fatores outros carregaram de uma nova fisionomia de progresso, todos os demais ainda vivenciam as mazelas coloniais, insuflados de prerrogativas constitucionais que não os capacitam às considerações e enfrentamentos de sua precária realidade cotidiana.

---

[60] Idem, p. 39-40.

[61] Idem, p. 42.

O que explica a enorme distância paradigmática entre os dois modelos, Weltanschuung ou sua visão de mundo? Como procedemos nós, brasileiros e latino-americanos em geral? Fundamentados no Direito Romano, começamos de uma ideia de Estado com base na tradição ocidental e engessamos a realidade com essa abstração, cuja função preponderante é "modelar o indivíduo e o povo". A teoria se apresenta *a priori*, como uma forma a que deve se adequar a realidade.

Os anglo-saxões que vieram à América trouxeram a Carta Magna de João I, da Inglaterra, sumária em princípios. Diante dos problemas enfrentados, foram redimensionando de modo harmônico a que a realidade propunha, primeiro numa constituição de princípios, a de Filadélfia e, na medida em que se organizavam e evoluíam, adotando um *referendum* em cada um dos Estados, alterando os pontos necessários à aplicabilidade constitucional em regimentos pontuais.

Operava-se o inverso: a realidade é que exigia a construção teórica do Estado. Este vinha atender às necessidades individuais e coletivas, organizando as instituições segundo uma operosa obra de engenharia política. O cidadão moldava o Estado, seguindo minuciosos plebiscitos de micropolíticas como permanentes rotinas organizativas da sociedade.

Temos por aqui também nossos carros-chefe: São Paulo, Rio Grande do Sul, Distrito Federal e Minas Gerais, Estados que estariam autorizados a apontar as reformas capazes de trazer as outras unidades federadas ao mesmo grau de maturação, que poderá restituir o equilíbrio nacional.

Para isso, há que estimular o açodamento das pequenas propriedades rurais, formadoras de unidades políticas denominadas de *self-government*, resistentes aos mais sutis avanços da demagogia; o voto secreto, único dispositivo capaz de anular as pressões oligárquicas e, em pouquíssimo tempo, formar uma "massa homogênea" no proletariado emergente.

Julio de Mesquita Filho aponta que uma reação das forças conservadoras será capaz de fazer valer a "lei do equilíbrio das forças naturais".[62] A população rural, "muitíssimo mais numerosa, manteria à respeitável distância o proletariado", propiciando um equilíbrio pendular entre o capital e o trabalho, como ocorreu nos Estados Unidos e na França. Tais atitudes fariam regenerar as elites intelectuais, que voltariam a apontar o caminho saudável de nosso destino de nação.

O receituário de Julio de Mesquita Filho tinha um propósito bastante definido, qual seja, devolver à nação uma racionalidade perdida pela inépcia de elites que, ao voltarem-se para uma satisfação endógena, puseram toda uma nação na rota do desgoverno e do caos. Forças políticas novas advindas com a imigração massiva, grupos urbanos redefinindo o espaço político, pressões de toda ordem assaltavam a consciência daqueles que deveriam estar no timão desta transição, que a inadvertida precipitação republicana havia acometido, juntamente com toda a sociedade.

---

[62] Idem, p. 60.

É à sua própria classe submergida que ele dirige sua pena:

> *As elites intelectuais, refugiadas desde o advento da oligarquia nas carreiras liberais, nas letras, na indústria e na agricultura, voltariam à tona, atraídas pela purificação da atmosfera política. Como no ciclo épico das Bandeiras, na luta de independência e no período agitado da maioridade de d. Pedro II, tornariam a florescer em nosso meio aqueles tipos representativos da comunhão, que sucessivamente se encarnaram, de acordo com o momento histórico, nos Fernão Dias, José Bonifácio e Feijó.* (MESQUITA FILHO, 1925, p. 62)

Era um projeto de nação, mas, antes, um projeto de classe e de hegemonia. E era paulista o projeto. Seria uma resposta de São Paulo aos graves acontecimentos de 1917 na Rússia Imperial, de julho de 1922, no Rio de Janeiro, de 1923, no Rio Grande do Sul e as preocupantes ações que surpreenderam São Paulo em julho de 1924.

Desde 1916, as greves operárias vinham tomando uma dimensão preocupante, a culminar com a greve ocorrida em Santos, nos inícios de 1917; em meados desse mesmo ano, São Paulo era sacudida por outra greve que acarretou um efeito dominó em todos os Estados do sul do País. Em 1915, tem início um grave ciclo de secas em todo o nordeste, atingindo com especial virulência o Maranhão, o Ceará, o Piauí e o Rio Grande do Norte. Em 1918 advém uma das mais graves epidemias de gripe (gripe espanhola) que já assolou o País, atingindo Estados de norte a sul, tendo se iniciado na Bahia. Em 1919, com a morte de Rodrigues Alves, uma vez mais Ruy Barbosa, aclamado pela nação, vê os conchavos políticos preterirem-no a Epitácio Pessoa. Na Bahia, no começo da década de 20, acontece uma insurgência dos chefes políticos contra o governador.[63] O movimento operário volta à carga no Rio de Janeiro. A intranquilidade atinge seu ápice com a prisão do Marechal Hermes da Fonseca. Segue-se a revolta do Forte de Copacabana, entre 4 e 5 de julho de 1922, e um estado geral de rebelião armada. O estado de sítio é decretado pouco depois, comprimindo a ferida, sem estancá-la. Em julho de 1924, São Paulo enfrenta forte sedição, sendo cenário de inúmeras campanhas militares no interior e nos sertões. Estas são as motivações que engendraram *A crise nacional*, o libelo de Julio de Mesquita Filho.

O que estava na bagagem de Lourenço Filho era um projeto reformista amplo, que compreendia a área pedagógica, cultural, mas sobretudo política. Identificar as oligarquias, que demagogicamente usufruíam do povo simples e erradicar seus fundamentos, era o plano de emancipação e modernização de que estas regiões careciam.

Lourenço Filho propunha uma solução pela educação.

Sua aproximação da "Meca dos Sertões" é acompanhada de uma verdadeira metáfora da "descida aos infernos". Cruzes assinalam o caminho, ora marcadas no

---

[63] Sobre esses eventos ver o documentário realizado pela TVE da Bahia, **Horácio de Mattos, um coronel entre dois mundos**, dirigido por Válber Carvalho, de 2002.

tronco da imburana, ora improvisadas com dois pedaços de pau; grupos armados hostis circulam o tempo todo pelo caminho, acompanhados por andrajos humanos com atavismo da superstição inscrito em seus rostos; carregando a mesma marca do analfabetismo, já meio mortos de tantas privações e todos, absolutamente todos, acorrem à bênção do "Padrinho", num ambiente em "todo fora da lei e da razão".[64]

A essa ruinosa voragem não podiam faltar todos os comprometimentos da ausência de higiene: tracomas, doenças venéreas, bouba atingem 84% dessa população itinerante e fixa, que tantas e tantas vezes para lá acorre sem ter como retornar a seus rincões.

Essa gente, que Lourenço Filho denomina de "farândola dos penitentes", provém de todo canto do País. Curiosamente o menor número é de cearenses, o que o autor atribui à reputação do Padrinho, furiosamente denunciado quer imprensa e pela Igreja.

Cercado por uma trincheira de casebres depauperados, cortados por vielas que expõem as chagas de seu improviso, verdadeiro bivaque de moléstias sociais, o "Juazeiro" funciona como um cinturão fortificado por todas as pústulas humanas. Em cada um dos casebres, apenas dois furos deixam antever o cano do trabuco, no centro do qual destoa um pequeno comércio e algumas moradias de alvenaria, dentre as quais a do próprio Padre Cícero Romão Baptista, contígua à igreja Nossa Senhora das Dores.

---

[64] FILHO, Lourenço. **Juazeiro do Padre Cícero**. op. cit. p. 27.

O aguardo da primeira visão do "Padrinho", descrita por Lourenço Filho, merece ser reproduzido:

> *Pusemo-nos de pé sobre o carro, para melhor observar aquela multidão agitada; e não logramos perceber, no primeiro instante, senão a malta daqueles mesmos romeiros da estrada, sujos e abatidos, com os seus casacos, os seus largos chapéus de couro ou de palha de carnaúba, os seus bordões e os seus bentinhos, o rifle inseparável e as 'pracatas' amarradas à cintura, ou pendentes do cano da arma. **À primeira vista, aquela massa tinha unidade; expressões dos mais díspares caldeamentos de raça ali se confundiam, e apenas um ou outro semblante mais puro ressaltava** [grifo meu].*[65]

Seu discurso será permeado pelo problema da mistura da raça, imbricado com a falta de higiene, o analfabetismo, a superstição. Por todo lado, "cenas de barbárie num ambiente de demência".[66] Em torno da casa do Padrinho, uma multidão exprimia todas as loucuras, testemunho de uma insânia que contrastava em todos os sentidos com o interior da casa, onde Lourenço Filho foi arremetido. Ali dentro tudo era equilíbrio e tranquilidade, voluteavam pássaros de diversas partes do país.

Enquanto isso, lá fora, cantavam os circundantes esta trovinha de cordel:

---

[65] Idem, p. 47.

[66] Idem, p. 53.

> *Não tenho capacidade*
> *Mas sei que não digo à toa*
> *Padre Ciço é uma pessoa*
> *Da Santíssima Trindade.*[67]

Quem foi esse mitômano, para usar um termo do próprio Lourenço Filho?

Nascido em 24 de março de 1844, Romão Cícero Batista viria a se tornar padre em 1870, dois anos antes de chegar ao arraial do Juazeiro. Quando exercia a função de pároco local foi envolvido em suspeita de milagre: ao ministrar a uma beata a hóstia, esta se transformara em sangue. A polêmica daí resultante viria a encerrar suas atividades religiosas e a dar início a uma forte atividade política que o tornaria o primeiro prefeito do lugar após sua emancipação e vice-presidente do Estado do Ceará.

Quando da conflagração de Canudos, quiseram arrostá-lo a Conselheiro, o que motivou inúmeras manifestações. O juiz de direito de Salgueiro tornava público este telegrama: "Posso garantir ser ele virtuoso sacerdote, completamente hostil ao movimento sedicioso de Canudos e incapaz de atentar contra a ordem pública".[68] O ano era ainda 1897.

Lourenço Filho afirma:

---

[67] Idem, p. 54.

[68] BARTOLOMEU, Floro. Juazeiro e o Padre Cícero (depoimento para a história). Rio, 1923, p. 109. *In*: FACÓ, Rui. **Cangaceiros e Fanáticos.** Rio de Janeiro: Civilização Brasileira, 1976, p. 134.

> *O fanático pode tornar-se com facilidade um revolucionário, não só porque a vitória de suas ideias exige muitas vezes a reforma social, como porque ele se distingue dos mais por uma interpretação moral especialíssima. Para ele não há perfeita separação entre o justo e o injusto, o lícito e o ilícito. Ou, melhor, a lei moral é o seu arbítrio, a sua resolução de momento, porquanto se julga um inspirado, investido do monopólio do bem.*[69]

O ajuntamento de significativa multidão em torno de Juazeiro, num momento de confronto entre latifundiários e comerciantes, analisados por Rui Facó,[70] motivou esta insólita declaração daquele que já foi chamado de braço político de Padre Cícero, Floro Bartolomeu da Costa, a uma consulta dos poderosos da região sobre a possibilidade de remover o crescentemente incômodo padre:

> *Na realidade, isso não era possível; o povo não o consentiria, havia de rebelar-se e, então, viria a alegação: 'É o banditismo!' Iriam as forças e acabava-se com a população. Sabemos como foi Canudos, como foi Contestado...*[71]

A ambiguidade da declaração acabava por tornar o Padre Cícero um contendor de tragédias anunciadas.

---

[69] FILHO, Lourenço, op. cit. p. 63.

[70] FACÓ, R. **Cangaceiros e Fanáticos.** Rio de Janeiro: Civilização Brasileira, 4ª ed., 1976, principalmente a III Parte.

[71] Idem, ibidem, p. 144

A chamada "Revolução de 1914", por seus defensores, ou "sedição de 1914", pelos detratores, planejada pelo governo central e liderada por Floro Bartolomeu da Costa, com o apoio do padre Cícero, conseguiu depor o presidente do Ceará, coronel Franco Rabelo, conferindo ao obscuro pároco projeção nacional.

O movimento consistiu na rearticulação do pacto oligárquico representado pelo governo Acioli, que tinha sido derrotado pelas forças emergentes, principalmente da burguesia de Fortaleza e que colocara no poder o oficial do exército Franco Rebelo. No Rio de Janeiro, toda a bancada cearense se originava de bases do interior, onde grassava o coronelismo e as eleições a bico de pena, ou seja, a fraude nas próprias atas. O emissário dos coronéis fora Floro Bartolomeu, que regressa ao Ceará em 1913 como virtual presidente do Estado. Restava tomar posse.

Implementado o plano, a intervenção do governo de Fortaleza não se fez esperar. Os coronéis, os latifundiários do Cariri estavam preparados. Haviam construído uma enorme vala de trincheira em torno de Juazeiro. Lourenço Filho descreve aqueles momentos de preparação:

> *Na milícia estadual, composta quase só de sertanejos ignorantes, incapazes de repelir as influências da superstição ambiente, contando mesmo muitos indivíduos fanáticos pelo Padre, seus "afilhados", os ânimos se tinham abatido, de modo incrível. Favoreciam o desânimo as notícias, dia a dia mais impressionantes, de novas remessas chegadas ao Juazeiro, em homens, armas, munições e dinheiro. Para ali tinham*

> *acorrido de todos os sertões limítrofes os mais ferozes cangaceiros. Comboios intermináveis de rifles e máuseres chegavam cada noite, via Paraíba ou via Recife... Lá estavam homens que haviam guerreado em Canudos, na defesa de Antonio Conselheiro.*[72]

Lourenço Filho aproxima os dois eventos, Juazeiro e Canudos, como grãos da mesma safra:

> *O governador enviou para agir* in loco *uma pessoa de sua inteira confiança, o seu próprio secretário de Justiça, Dr. Martins de Freitas. Acompanhavam-no, além de outras pessoas, algumas das figuras de maior relevo na campanha contra a oligarquia Accioly, e por isso mesmo, dos mais dedicados apologistas da situação. Tivera-se a ideia de mandar fundir, em Fortaleza, um pequeno canhão que agora se levava para atirar bombas de dinamite ao acampamento inimigo. Os contratempos determinados pela condução dessa peça primitiva, do ponto terminal da estrada de ferro à zona da luta, lembra, por vezes,* mutatis mutandis, *o canhão de costa que se juntou à expedição de Arthur Oscar, na campanha de Canudos.*[73]

O resultado foi desastroso para as tropas estaduais. Mais uma vez o canhão que aproximava Juazeiro de Canudos serviria de imagem poética a Lourenço Filho:

---

[72] FILHO, Lourenço. **Juazeiro do Padre Cícero.** op. cit., p. 127-128.

[73] Idem, p. 183.

> *De toda essa custosa expedição, ficava na zona da luta, apenas, o famoso canhão. Deixaram-no, abandonado, em frente à cadeia de Barbalha, onde o iriam buscar, dois dias mais tarde, os fanáticos do Padre Cícero.*
>
> *Aquela peça, sobre que repousaram tantas esperanças, seria o primeiro grande troféu da "guerra santa".*[74]

O caminho para Fortaleza termina a 14 de março de 1914, com a intervenção federal encabeçada por Fernando Setembrino de Carvalho, passando o cargo, pouco depois, a Floro Bartolomeu.

Para Lourenço Filho, os asseclas do Padre Cícero, virtual massa de manobras das oligarquias regionais, constituíam-se na "mais afrontosa burla do sistema eleitoral dos nossos tempos".[75] O pior residia no comprometimento do saneamento político que deveria atingir os verdadeiros responsáveis pela regeneração nacional. Esse malefício foi

> *(...) a depressão moral que o fato devia levar a todos os cearenses de boa vontade, empenhados na melhoria da administração de sua terra, suas garantias políticas e sociais. Tendo-se banido do Estado uma oligarquia, aí instalada, havia vinte anos, era natural que os novos elementos chamados à direção das coisas públicas se esforçassem por corresponder*

---

[74] Idem, p. 141-142.

[75] Idem, p. 160.

> à confiança do povo; era natural também que o sentimento cívico se fortalecesse, que as novas doutrinas avançassem, que os hábitos políticos melhorassem.[76]

Quanto ao Padre Cícero, segundo seus defensores, foi o responsável, ainda em vida, pela projeção nacional de Juazeiro. Para lá levou as ordens dos capuchinhos e dos salesianos (que receberam todo seu espólio), construiu o campo de futebol e o aeroporto, além das capelas e igrejas principais.

Sob o lema "Oração e trabalho", fundou jornais e associação de trabalhadores, além de estimular o artesanato local, inaugurando a primeira exposição de arte local. Estimulou a ourivesaria e a agricultura, além da construção de inúmeras escolas, dentre as mais significativas, a Escola Normal Rural e o orfanato Jesus Maria José.

Em 1934, quando de sua morte, conseguira transformar Juazeiro na mais importante cidade do interior cearense, para onde rumam todos os anos milhares de romeiros que acreditam em sua santidade, que motivou este verso de um texto de cordel:

> (...) foi ele o propagador do progresso regional, unindo forças opostas de forma descomunal, agindo por excelência sempre com paciência, tratando a todos por igual.[77]

---

[76] Idem, p. 161.

[77] http://www.geocities.com/motorcity/5190/padre.html

É nesse contexto que devemos compreender suas ações, enquanto Lourenço Filho o vê como o fiel da balança entre o nacional e o regional.

Lourenço Filho, no último capítulo, "O Juazeiro no folclore", trata de dois percursos apenas na aparência distintos: o movimento regionalista encabeçado por Gilberto Freire, no Recife de 1925, e a missão folclórica realizada por Mário de Andrade nas regiões cuja esterilidade cultural encobria enorme riqueza de possibilidades.

> *Só pelo folclore, defrontamos a grande alma do povo, agitada e confusa. Por ele, vemos como surgem as lendas, como o pensamento comum se alarga e se interpenetra, como se sublima, em símbolos de rara beleza, ou se abastarda, envilecendo sem remédio. Na cantiga popular, podemos surpreender, sob a trama das epopeias ingênuas, mas às vezes de uma eloquência admirável, os acontecimentos estranhos que deram origem aos mitos e crendices. E, nela, sentimos como a inteligência média da raça interpreta os fatos históricos, critica-os, exalta-os ou os deprime, segundo a orientação dominante das tendências de uma dada época. Como, enfim, no enciclopedismo ingênito de todos os povos, começam a organizar-se elementares doutrinas de um direito, de uma ciência, de uma religião.*
>
> *O folclore é, assim, a um tempo, a alma coletiva, o seu próprio ambiente e história. Entre os povos analfabetos, em que a literatura escrita, os livros e os jornais não perturbaram ainda a cristalização das*

> *lendas, nem alcançaram qualquer coordenação de ideias e sentimentos, há de ser sempre pelo folclore que havemos de auscultar o ritmo profundo da existência moral da raça. Suas verdadeiras manifestações aparecem repassadas ao clarão de inúmeras inteligências ou obscurecidas ao contato de uma multidão de rudes mentalidades; mas, num como noutro caso, se mostram sustentadas pelo carinho ou pela revolta de infinitos corações... Merecem estudo e respeito. Razão porque um capítulo sobre Juazeiro no folclore se impunha aqui, necessariamente.[78]*

O capítulo recebe a epígrafe de Gustavo Barroso: "Todo o folclore sertanejo mostra a formação das almas que habitam aqueles países de sol ardente".

Parece útil pensarmos o folclore, na altura em que Lourenço Filho escrevia, como um elemento típico do povo. E povo, nesse caso, ágrafo. O desenvolvimento do conceito de "povo" se mostra de fundamental importância para esta discussão. Surgido nos traumas políticos da revolução francesa, durante o século XIX, assume caráter de multidão e de massa pelo entrar do século seguinte. É o informe, a uniformidade plasmada pelo anonimato, pelo indistinto. Para Lourenço Filho, a alma do povo é naturalmente "agitada e confusa". Cabe ao folclore surpreender as causas primeiras dessa confusão, ao interpelar a conjuração dos fatos em lendas, da mitificação da história, já que impossibilitados do registro gráfico, os fatos e os

---

[78] FILHO, Lourenço, op. cit. p. 167-168.

eventos tendem a uma cristalização ou, nas palavras de
Lourenço Filho, à sublimação. Afinal, é assim mesmo que
a "alma primitiva" procede.

FOLCLORE E POLÍTICA

No Brasil, o folclore assumiu inúmeras possibilidades
classificatórias, devido à impossibilidade de uniformizar
as manifestações de tão vasto território e de tão complexa mistura racial e cultural. Dividiram o país em zonas
aproximativas ou áreas culturais. Nina Rodrigues utilizava
o conceito de tipos antropológicos dominantes, Silvio
Romero, de zonas sociais, Joaquim Ribeiro se valia das homogeneidades culturais para arrostar os fatos folclóricos;
Alceu Maynard de Araújo, das técnicas de subsistência.
O importante é assinalar a impossibilidade de explicar o
conjunto das práticas populares, sem um retalhamento,
acomodações e aproximações.

Segundo Nilza B. Megale,[79] o folclore da região
nordeste deve ser compreendido seguindo uma divisão
interna própria, que ela denomina de *nordeste pastoril*
e *nordeste litorâneo*. O nordeste pastoril será marcado
pelos tipos místicos, que emergem dos ritos agrários, cuja
origem, segundo a autora, pode ser explicada pelo clima,
principalmente as severas secas que intermitentemente
assolam a região.

Nesse sentido, Gustavo Barroso, embora produza seus
estudos ao tempo de Lourenço Filho, há de hierarquizar

---

[79] MEGALE, N. B. **Folclore Brasileiro**. Petrópolis: Ed. Vozes, 1999.

esta divisão, apresentando como tipo característico cearense o sujeito litorâneo, o pescador.

Eleanor Hull, ao conceituar folclore na Inglaterra, utilizava o termo "história das sobrevivências" e a "expressão da psicologia do homem primitivo", próprio das classes mais humildes da sociedade. Joaquim Ribeiro chegou a admitir a substituição do termo folclore por "populário".[80]

Rossini Tavares de Lima[81] apresenta interessante discussão acerca do termo folclore, em sua utilização análoga ao termo etnografia. Demosofia, demopedia, ciência dêmica são alguns dos termos de que estudiosos têm se valido para o estudo do folclore. Lourenço Filho prefere "demologia". Se se acredita que o folclore está relacionado ao fato espiritual ou imaterial, o termo etnografia serve para apontar exatamente o fato material. Tal dualismo guarda, em si, uma espécie de primazia, como se a classificação de objetos e vestígios fosse mais apropriada a um cientificismo *stricto sensu* do que quaisquer delírios das coletividades, intangíveis manifestações da volubilidade subjetiva, pouco afeito às precisões e regularidades epistemológicas.

Sob muitos aspectos, o recurso folclórico estabelece mais que uma sintonia de valores e prédicas. Há uma aproximação lacônica com o distúrbio e o prosaico. O termo "folclórico" está carregado de interlúdios, complementados com simplificações e menosprezos. Ajuizado

---

[80] LIMA, Rossini Tavares de. **Abecê do folclore.** São Paulo: Ricordi, 5ª ed., 1972, p. 9-17.

[81] Idem, ibidem.

muito mais por recortes sublunares, o folclore não deixou escapar as tramas de sua própria historicidade e trouxe consigo sua complementaridade hierárquica, chamada por alguns de *elitelore,* embora se registre que sua presença seja subliminar, tão somente uma suspeita, uma presença sentida, pressentida.

Elzevir[82] e a linhagem do registro cujo código poucos compartilham. Manifestações erráticas, cabotinagens, a expressão chula do cotidiano, a vasta rede das sobrevivências que precisa ser surpreendida e realocada, extraditada de seu mapa referencial, transformada em objeto, mitificada, já que o mito retira e esvazia toda dimensão política, portanto, histórica, instante transformado em pedra. Uma das formas de entendermos o folclore pode ser recuperando sua historicidade, enunciando seu conceito político e histórico.

Não devemos nos surpreender se Lourenço Filho denomina "demologia" o estudo das coisas do povo. Se etimologicamente nada há que se contrapor, a palavra se presta a equívocos, quando pensamos que o seu objeto de estudo serão as massas de fanáticos seguidores do Padre Cícero, suas representações simbólicas. Sua aproximação com "demonologia" não é meramente casual. O povo, quando mal instrumentalizado, tende a transformar-se em legião.

Para Gustavo Barroso, o estudo do folclore nordestino pode ser dividido em ciclos. O dos bandeirantes

---

[82] Livro produzido pelos Elzevires, família de impressores, editores e livreiros holandeses dos séculos XVI e XVII. **Dicionário Aurélio.** Rio de Janeiro, 1986, p. 628.

está carregado das idiossincrasias da penetração para o interior; o natalino reúne todos os festejos em torno desta data; o dos vaqueiros trata de uma vasta rede de aprendizados pastoris; o dos cangaceiros nos remete às gestas medievais; o dos caboclos cuida das incontingências da liberdade indígena e o ciclo messiânico, os eventos de Canudos e as histórias do Padre Cícero.

Eduardo Diatahy B. de Menezes[83] elabora um quadro esquemático das relações que envolvem as expressões mais comuns das coletividades, recuperando o sentido etimológico do mito grego, que designa "uma palavra formulada, quer se trate de uma narrativa, de um diálogo ou do anúncio de um projeto",[84] com ênfase em suas relações com a utopia e em franca oposição ao princípio de ideologia, que, em sua apropriação pelas classes privilegiadas, aproxima-se mais da ciência e de seus cânones. Assim poderíamos surpreender, de um lado, uma isotopia mitológica caracterizada pelas expressões das classes populares, como o cordel e o próprio folclore, e um discurso sobre o mesmo fenômeno elaborado pelos cânones da cientificidade, operando sobre uma isotopia ideológica, própria de um *elitelore*. O autor identifica três instâncias não necessariamente lineares: uma operação ideológico-repressiva, uma operação ideológico-científica e uma operação ideológico-econômica. No primeiro caso, também chamado de "rejeição", a mani-

---

[83] MENEZES, E. D. B. de. O diplodocus e a formiga, ou das relações entre cultura letrada e cultura popular. *In*: **Revista da Biblioteca Mário de Andrade**, nº 57, São Paulo, jan/dez 1999, p. 171-178.

[84] Idem, p. 172.

festação da cultura popular é identificada com o "delito" e a "desordem", o que justificaria uma ação repressora pelos órgãos oficiais. Numa segunda operação tem-se o estágio da "domesticação", no qual o fenômeno se apresenta como "objeto de conhecimento" e merece ser estudado, retirado do plano da experiência concreta e realocado no plano analítico da racionalidade objetiva. A terceira etapa, da "recuperação", internaliza o fenômeno popular nos diversos aparelhamentos ideológicos, como escolas, museus, mídias, transformando o vivido em exotismo, atrativo exposto à visitação pública, sem perigo, sem rasuras, sem traumas, reificado e transformado em objeto de consumo.

Lourenço Filho recolhe do itinerário popular inúmeras trovas de cordel, atestando a "sabedoria" numa conjuntura apresentada.

Todos os documentos estão carregados de ideologia, uma vez que apresentados como elementos do trágico e do ridículo que a inocência popular pode produzir:

> *Quem for para o Juazeiro*
> *Vá com dor no coração*
> *Visitar Nossa Senhora*
> *E o Padre Romão*
>
> *Aquelas toalhas bentas*
> *Que de sangue vivem cheias*
> *Valei-nos Padrinho*
> *E a Mãe de Deus das Candeias!*[85]

---

[85] FILHO, Lourenço, op. cit. p. 170.

É admirável como seu discurso pode iludir. O autor afirma que, entre os povos analfabetos, em suas "rudes mentalidades" poderemos surpreender toda uma visão prática moral. Será espúria uma horda que sincretiza banditismo facinoroso com religiosidade cristã.

> *É um pasto delicado,*
> *É a nossa proteção,*
> *É a salvação das alma*
> *O Padre Ciço Romão,*
> *É a justiça divina*
> *Da Santa Religião.*[86]

> *Nada mais tenho a dizê.*
> *Sou João Mendes de Olivêva,*
> *Nesta língua brasilêra*
> *Eu nada pude aprendê,*
> *Porém posso conhecê*
> *De tudo quanto é verdade!*
> *Não tenho capacidade,*
> *Mas sei que não digo à toa:*
> *— Padre Ciço é uma pessoa*
> *Da Santíssima Trindade.*[87]

Nesse trecho, o autor da trova reconhece sua ignorância em relação à cultura letrada. Os argumentos continuam na assertiva de que todo o fanatismo é fruto

---

[86] Idem, p. 171.

[87] Idem, p. 175.

de um profundo e ignaro primitivismo, de uma total ausência de luzes.

Em outro trecho, recolhido da coleção de Leonardo Motta, respondendo à pergunta sobre quem começou a guerra em 1913, um "fanático sedicioso" responde:

> — *Meu Deus! Isto não começou isturdia? Cumo é que eu não a de me alembrá? Vamicê não sabe que o Rebello inticava com meu Padrim Pode Ciço e só vivia de puxá arenga com nós no Juazeiro, querendo prende, faze e acontece? Nós é que fumo agredido no princípio. Isso da gora é carrêra que elles tão dando. Apanháro no Crato, na Mutuca, no S. Bento (Miguel Calmon) e tem que apanhá no Ceará. Lá, sim, que o salsêro vai sê grosso. Mas eu só tou é inda havê nesta pruvinça quem inóre que o Rebello é que é o causo de quanta desgraça hai no mundo, de tudo que é descontramantelo.*[88]

Ao leitor que já aproximou o fenômeno do Juazeiro ao de Canudos, que experimentou o desconforto trágico de um amontoado de andrajosos descarnados, potencializados por uma crença demente num velho carismático e mitômano, carece ainda a confirmação de qual embate ele está presenciando: são os códigos da modernidade que lutam para prevalecer. É a sanidade, a higiene, a ordem que estão diante da ruptura suprema, porque impregnada

---

[88] Idem, ibidem.

pelo tempo, porque urdida pela tradição e pela história; é o passado contra o futuro!

E o rosto do passado detém este anátema:

> *Eu te benzo com a cruz, com a luz*
> *E com o sangue de Jesus!*
> *Usagre, fogo selvagem, foge d'aqui,*
> *Que estou com nojo de ti.*[89]

Se nos lembrarmos da epidemia de gripe, dos avanços da medicina, tais argumentos assaltam a mentalidade média urbana como uma sombra aterrorizante.

Neste capítulo sobre o folclore do Juazeiro, a história do Padre Cícero e da "guerra santa" são apresentadas em formato de cordel, a típica artesania verbal do povo nordestino. Nessas versões, quem conta um conto aumenta um ponto, já dizia o velho dito popular. A história, conduzida dessa forma, diletante e amadoristicamente, tende a tomar direções imprevistas.

Lourenço Filho quer dizer a seus coetâneos e à posteridade que, quando a história é por demais hedionda e perigosa, quando seu caráter pedagógico é copiado e reproduzido, o melhor local para guardá-la não é a história e seus anais, mas o folclore, esse reduto de mitos e lendas desenraizadas, essa imensa massa informe de equívocos e de graça:

---

[89] Idem, p. 189.

A sedição dos fanáticos é comentada com graça, às vezes com ironias tremendas, por cantadores do sertão".[90]

Seu caminho é distinto do de Euclides da Cunha, que fez da "barbárie" um épico. Toda a "barbárie" representada pelos eventos do Juazeiro deve desaparecer, dissolvida nas cantorias populares, qual um Romãozinho, fogo fátuo azulado para os viajantes.

Mas é preciso mais. Além de fazê-la desaparecer nas vozes confusas do populacho, é preciso evitar que eventos semelhantes se repitam. Daí sua reforma educacional ganha visibilidade e sentido.[91]

---

[90] Idem, p. 178.

[91] Essa permanência ganha contornos dramáticos nas vozes populares. Vejamos: "Todos os que ousam falar mal dos grandes homens de Juazeiro, duvidando de sua santidade e de seus poderes sobrenaturais, os blasfemadores, são rebaixados ao estado animal.

"É o caso do *Rapaz que Virou Bode porque Profanou o Túmulo de Frei Damião*, de José Costa Leite; isso se passou, segundo ele, em Maceió. Sebastião, filho de honestos trabalhadores, entrega-se à bebida e, quando embriagado, proclama sua falta de fé, especialmente no que diz respeito a Cícero Romão e Frei Damião. Ora, um dia, Frei Damião chega à cidade, fazendo o bem à sua volta: *porque o Frei Damião / é o santo do sertão / e toda bondade ele tem.*

"Sebastião, sempre bêbado, insulta grosseiramente o Frei e a memória do Padre Cícero, a Virgem Conceição e São Francisco do Canindé – isto é, os objetos de maior devoção dos nordestinos. Ele chega mesmo a ameaçar o Frei com o facão, desafiando-o: *Só creio em Frei Damião / quando eu virar um bode.*

Lourenço Filho inicia o caminho saneador da raça, com duas epígrafes:

Desse destino, de sua fatalidade, só escaparemos por um caminho: o tomarmos a sério, a resolução corajosa de mudar de métodos – métodos de educação, métodos de política, métodos de legislação, métodos de governo. (Oliveira Vianna)

A educação pública é a medicina radical. Ela dará ao povo a possibilidade de curar-se por suas próprias mãos, a despeito dos seus usurpadores. (Sampaio Dória)

A despeito desses flagrantes rasgos de ignorância e perfídia nacional, sua reforma educacional não propunha uma ação alfabetizadora massiva. A educação funcionaria mais como uma arma na mão dessa massa já quase ingovernável. Era preciso, antes, reformar um grupo intermediário:

"Então, o facão se quebra em sua mão e cai aos pés do santo homem, enquanto o blasfemador se transforma em bode. O bode (figura animal do pecado) lança-se ferozmente contra os pecadores e torna-se o defensor da virtude, da tradição, da família, bem como a encarnação do demônio atraído por tudo que é vício e, sobretudo, pelas mulheres frívolas e coquetes.
"A mãe de Sebastião obtém de Frei Damião a promessa de que, após 90 dias de vida no sertão para expiar o mal, ele poderá reassumir a forma humana." *In*: BRADESCO-GOUDEMAND, Yvonne. **O ciclo dos animais na literatura popular do Nordeste.** Fundação Casa de Rui Barbosa, 1982, p. 161/162.

Numa população muito disseminada, vivendo em pequenos focos dispersos, sem relação direta com o progresso do litoral, ao sertanejo atual pouco ou nada lhe valerá o saber ler, apenas. Mais valerá, para cada mil cabeças, dez cabeças bem formadas, adaptadas às necessidades e ao desenvolvimento da região, apetrechadas para lutar, vencer e impor-se aos demais, como exemplo e guia, que novecentos indivíduos que conheçam o "abc", sem outra modificação sensível de suas aptidões intelectuais, sem hábitos de observação e de trabalho, sem energias para pronta reação de adaptação de sua gente ao seu meio.[92]

Para a reforma das elites ou para a formação de novas elites esclarecidas, capazes de soterrar as velhas oligarquias e o ranço do despotismo local, a proposta de Lourenço Filho é a construção de universidades regionais, estrategicamente localizadas para emergência de novos quadros intelectuais, dinâmicos em sua interação com a especificidade local voltados para os modismos do exterior, qual "parasitas" de uma sociedade que se esboroa.

(...) Quanto nos custariam as escolas para os seis milhões de crianças brasileiras? Ademais, elas nada significariam, para a coordenação mental que falta ao país, sem a mesma criação urgente de um aparelho de cultura técnica e superior, que fornecesse à grande massa os seus técnicos, os seus guias, os seus admi-

---

[92] Idem, p. 200.

> *nistradores, os seus verdadeiros políticos, capazes de compreender as legítimas necessidades e aspirações do país, e de resolvê-las praticamente.*[93]

Para que tal projeto fosse implementado, bastaria, além de suas diretrizes e propósitos, "maior liberdade política aos escravizados estados do Norte, em distribuição de justiça e educação". [94]

A força do grupo paulista contava muito na forma final a ser imposta, porém, tais projetos não eram proposituras individuadas. Estavam tensionados num amplo debate nacional que envolvia inúmeras vozes.

Carlos Fonseca expõe a luta para uma efetiva escolarização primária, em sentido contrário a Lourenço Filho:

> *(...) Não tem o professor rural, como o seu colega urbano, uma pessoa, a quem mandar em procura dos alunos calaceiros ou remissos, os quais, quando lhes dá na telha aos pais ou a eles próprios, faltam sem que se julguem na obrigação de mandar ao professor um aviso ou satisfação qualquer.*
>
> *(...) Vive de contínuo à frente de um Golias pavoroso, de enorme corpulência, que a cada dia, a toda hora, o chama a terreiro. O exército de Israel é, neste caso, a civilização, da qual é fragélima vanguarda a escola rural.*

---

[93] Idem, p. 203.

[94] Idem, p. 199.

> *O gigante filisteu, que é o preconceito, ou melhor, a tenebrosa coligação do preconceito com o obscurantismo e a superstição, empunha a pesada chavasca, traça círculos no ar, a floreá-la e desafia o franzino Davi, o moço professor ao qual lhe dá as vezes, para escutar o que conversam seus discípulos e tem enjoos de ouvir a um deles **referências muito sérias e convencidas ao saci, cujo assobio o tem assustado** [grifo meu].*[95]

Se o inimigo é comum, em Carlos Fonseca há um claro apelo à melhoria da estrutura do atendimento a todas as crianças, que devem se alfabetizar para superar o obscurantismo.

Lourenço Filho, por sua vez, afirma:

> *Não padece dúvida de que o problema educativo brasileiro, encarado em toda a sua extensão e profundidade, é assaz complexo, não comportando um padrão rígido e único. Será sempre possível contudo, – e mais, é de urgente necessidade – que uma campanha de coordenação de cultura se faça, de qualquer modo. Ela terá que apegar-se às expressões naturais do espírito de comunidade expresso pelo uso de uma língua comum, no amor a certas crenças e tradições, no folclore e nos costumes, no conhecimento do país. E se possível não nos parece um padrão único de ensino*

---

[95] FONSECA, Carlos. O professor do bairro. **Revista Educação**, jan/fev 1928.

> *primário, em todo caso haverá possibilidade de se fixar um sistema de padrões, suficientemente amoldáveis às necessidades locais, em função de um plano nacional de cultura, suficientemente definido e estável.*[96]

O folclore é importante elemento de identidade local, ponto fulcral da proposta de Lourenço Filho de uma educação cuja planificação se dê exclusivamente no âmbito da cultura e dos métodos, mas que respeite a singularidade regional.

Uma proposta híbrida aproxima essas duas vozes:

> *Um só veículo, diz Toledo, límpido e suave, transfundindo de coração a coração, por toda a terra nossa, as nossas tradições, narrando o sofrimento de nossos avós comuns, encarecendo as mesmas esperanças para todos, é o laço unificador por excelência que ao mestre primário cumpre cerrar com carinho e com firmeza. Multipliquem-se as escolas e as estradas, e além de tantos outros benefícios que trarão, a unidade nacional deixará em breve tempo de ser, simplesmente, geográfica.*[97]

A disseminação da escola pode atender à unidade nacional pelo respeito e divulgação das tradições. A edu-

---

[96] FILHO, Lourenço. A Uniformização do Ensino Primário no Brasil. **Revista Educação**, jan/fev, 1928, p. 9-18.

[97] MOURÃO, Francisco Alves. **Relatório à Diretoria Regional de Ensino.** Ribeirão Preto, 1936, p. 15.

cação era convocada a estabelecer uma unidade verdadeiramente nacional.

> *De todos os magnos problemas nacionais, o da educação é, sem dúvida, o de maior alcance, porque é pela educação que se formará a nossa nacionalidade, atualmente ainda imprecisa, e que é mais um aglomerado heterogêneo do que um todo harmônico.*[98]

Segundo esse autor, a solução se encontrava na instituição de um ministério da Educação, capaz de superar a inépcia com que os Estados e municípios vêm administrando este setor.

Por vezes podemos surpreender o desesperado apelo de um diretor regional no sentido de sensibilizar as autoridades para a construção de uma escola em região de enorme demanda de imigrantes, brasileiros e estrangeiros, para que se fortaleça "nestes e desperte naqueles o sentimento da Pátria Brasileira, que a todos, dali em diante, incumbe cultivar".[99]

Defensores da escola única, Bayeux Silva e Aggêo Pereira Amaral argumentavam:

> *Só a escola publica poderá, com um trabalho constante, transformar os hábitos e a educação desse*

---

[98] LABORIAU, F. Sobre um Ministério da Educação Nacional. **Revista Educação,** jan/fev, 1928, p. 235-48.

[99] PENNA, Luís D. **Relatório à Diretoria Regional de Ensino.** Iguape, 1936, p. 15.

> *povo; fazer-lhe sentir que a bandeira que ali deve tremular, sem menosprezo das outras, é a brasileira; ensinar a língua, a história de nosso país; conquistar brasileirinhos que nasceram e crescem no território paulista amando outra pátria, falando outra língua, aprendendo outra história, respeitando outra bandeira...*[100]

O autor estava preocupado com o enorme afluxo de estrangeiros, imigrantes que necessitavam de elementos integradores no organismo social e político novo.

> *Façamos escolas simples, escolas modestas, baratas, econômicas, de ensino rápido, eficiente e proveitoso, todas de um mesmo tipo, segundo um mesmo padrão, a mesma organização, e servindo tanto ao litoral como ao sertão, tanto às grandes capitais como aos mais remotos vilarejos.*[101]

A escola única, com os mesmos programas e métodos de trabalho, segundo seu autor, é a única capaz de proporcionar a paz social almejada, "uma escola nacionalizadora, assimiladora dos elementos alienígenas, niveladora de todas as classes, construtora da unificação real da pátria brasileira".[102]

---

[100] AMARAL, Aggêo Pereira. Ensino Rural. **Revista Educação**, 1932, abr/mai, p. 56-8.

[101] SILVA, Bayeux. A Escola Única. **Revista Educação**, jan/fev/mar, 1932, p. 32-65.

[102] Idem, p. 33.

Já Fernando de Azevedo apresentava proposta que viria se consolidar nas discussões da primeira LDB de 1961.

> *Assentado o princípio biológico de cada indivíduo à sua educação integral, cabe evidentemente ao Estado a organização dos meios de o tornar efetivo, por um plano geral de educação, de estrutura orgânica, que torne a escola acessível, em todos os seus graus, aos cidadãos a quem a estrutura social do país mantém em condições de inferioridade econômica para obter o máximo de desenvolvimento de acordo com suas aptidões vitais. Chega-se, por esta forma, ao princípio da escola para todos, "escola comum ou única", que, tomando a rigor, só não ficará na contingência de sofrer quaisquer restrições, em países em que as reformas pedagógicas estão intimamente ligadas com a fundamental reconstrução das relações sociais. (...) Afastada a ideia do monopólio da educação pelo Estado num país, em que o Estado, pela sua atuação financeira, não está ainda em condições de assumir a responsabilidade exclusiva, e em que, portanto, se torna necessário estimular, sob sua vigilância, as instituições privadas idôneas, a "escola única" se estenderá entre nós, não como uma "conscripção precoce", arrolando, da escola infantil à universidade, todos os brasileiros, e submetendo-os durante o maior tempo possível a uma formação idêntica para ramificações posteriores em vista de destinos diversos, mas antes como escola oficial, única, em que todas as crianças de 7 a 15, todas ao menos que, nessa idade,*

sejam confiadas pelos pais à escola pública, tenham uma educação comum para todos.[103]

Escolas para todos sim, mas, devido à diversidade das classes sociais e à impotência financeira do Estado, que a iniciativa privada cuidasse de uma parcela desse desafio, desde que comprovada sua idoneidade.

Vasta rede de interesses motivam tais discussões, sobretudo se considerarmos que a consolidação nacional se apresentava como uma nevralgia crônica na incompletude republicana. A alternativa educacional constituía um caminho de mais eficácia, já que poderia perpetuar projetos de grupos introjetados pelo todo da nação sem muitos desconfortos. A outra alternativa era a força e sua precária rede de contingências.

Na revisão constitucional de 1926, as questões relativas ao ensino primário local e ao ensino religioso, que ali teve sua mais polêmica discussão, deixaram entrever uma outra dimensão: a competência para legislar. Manter a educação chamada fundamental competia às províncias, depois Estados, enquanto os outros níveis, secundário e superior, estiveram sob a tutela federal. Nos primeiros anos da república, a relação Estados/União quanto à política educacional havia variado muito.

A política educacional republicana oscila entre a vertente liberal, federativa com descentralização

---

[103] AZEVEDO, Fernando. A Reconstrução Educacional no Brasil. **Revista Educação**, jan/fev/mar, 1932.

> *administrativa e a unidade política centralizada; a vertente positivista, ultrafederalista com descentralização administrativa e política; e a vertente autoritária onde o papel intervencionista do Estado acopla centralização política com pouca descentralização administrativa.*[104]

Propostas de todas as tendências eram apresentadas, desde a completa exclusão da União, até poderes de interferir diretamente nos Estados, quando o assunto fosse educação.

As questões regionais também ocupavam um sem-número de foros de discussão e emergiram com firmeza no Congresso Regionalista que aconteceu em Recife naquele mesmo ano.

Naquele domingo nordestino, era aberto o 1º Congresso Regionalista pelo dr. Odilon Nestor. Quando a palavra foi dada a Moraes Coutinho, incumbido de assinalar as premissas do programa, evocou este o conceito de Alberto Torres sobre as distinções entre regionalismo e separatismo, mostrando que a federação, no caso do Brasil, somente poderia ser atingida em sua plenitude pelo regionalismo.

Na terça feira seguinte, 9 de fevereiro de 1926, lia-se no *Diário de Pernambuco*:

---

[104] CURY, Carlos Roberto Jamil. A educação na Revisão Constitucional de 1926. *In*: FÁVERO, Osmar [Org.]. **A Educação nas Constituintes Brasileiras.** Campinas: Autores Associados, 1996, p. 85.

Não se repelem propriamente regionalismo e nacionalismo, de um lado, e, cosmopolitismo, de outro. À inteligência dos homens é que incumbe a arte difícil de os harmonizar. Esta harmonia é possível, pelo que o orador não vê no séc. XIX, e no seu cosmopolitismo, o perigo de ter trazido ao mundo a vitória de uma estúpida uniformidade que o acabaria acinzentando.

Numa vasta e complexa estrutura política e social, nesse caldeamento, pensar em uniformidade era uma aberração impraticável. Havia fórmulas capazes de harmonizar tanta diversidade, bastava à inteligência humana procurá-las.

Amaury de Medeiros conclui sua exposição sobre a relação entre a arquitetura colonial e a higiene moderna:

1. *Não há nenhuma incompatibilidade entre o progresso social e a arquitetura tradicional;*
2. *Sob o ponto de vista da higiene da habitação, o estilo colonial pode adaptar-se a todas as exigências das modernas leis sanitárias;*
3. *Sob o ponto do conforto moderno, o estilo colonial pode receber sem prejuízo todos os aperfeiçoamentos da civilização;*
4. *Sob o ponto de vista estético, o estilo colonial é uma reação necessária contra o mau gosto das construções sem caráter que tem mudado desastradamente a fisionomia das nossas cidades;*
5. *O estilo colonial se presta a todos os edifícios, residências, hospitais, escolas, igrejas, etc.;*

> 6. *O movimento a favor da arquitetura tradicional está ficando vitorioso nos principais centros de cultura nacionais.*

Havia que compatibilizar o tradicional e o moderno, a fim de frear um modo de vida exógeno que ameaçava toda uma cultura consolidada no sangue e no sacrifício de muitos. Em pouco tempo, erradicaram-se os taipeiros, mestres construtores que detinham uma tecnologia que, com a substituição pelo cimento e tijolos, havia conferido às nossas especificidades climáticas, à nossa convivência privada e à nossa estética imbricada um genuíno e formidável *geode* de morar. Foi, talvez, a primeira vez que se tratou de uma confluência ao mesmo tempo ecológica e técnica dos problemas regionais de urbanização.

Na quarta feira, 10 de fevereiro de 1926, assume a presidência do congresso Gilberto Freire que passa a palavra a Odilon Nestor. Este sugere a criação de uma cadeira de estudos nordestinos na universidade que "naturalmente há de ter muito breve o Nordeste".[105] Era uma das propostas contidas no libelo de Julio de Mesquita Filho e em Lourenço Filho, que acabariam, em seu estado de origem, viabilizando a fundação da USP como um centro formador de elites, capazes de guiar adequadamente o povo.

Em mais de um ponto os projetos se aproximam. Vejamos o manifesto regionalista, escrito pelo próprio Gilberto Freire.

---

[105] **Diário de Pernambuco**. Recife, quarta-feira, 10 fev 1926.

Vinte e cinco anos depois da implementação do movimento, Gilberto Freire revelava um encontro havido entre Prudente de Morais neto e um modernista ortodoxo, nestes termos:

> *E Prudente de Morais, neto, ainda há pouco tornou a contar-me como, antes de conhecer-me no Rio em 1926, passara de curioso a simpatizante do movimento do Recife, ouvindo um "modernista" ortodoxo – isto é, graça-aranhista – chegado do Norte, referir-se aos Regionalistas do Recife como a um grupo de lastimáveis retardados mentais. Um desses retardados, contara a Prudente de Morais, neto, o tal "modernista" ortodoxo, que chegara ao exagero de pretender que se devia tolerar o mucambo de palha e até mais: que se devia abrir na cidade um restaurante com "comidas de negro", com uma preta da Costa à porta, assando milho ou fazendo tapioca. Restaurante servido não por garçons convencionais, como os do "Leite", mas por mucamas de xale encarnado e chinelo sem meia e que oferecesse aos fregueses água de côco no próprio côco, garapa de tamarindo, refresco de maracujá pingado de cachaça, ao som não de "fox-trote", mas de modinhas ao violão e cantigas de xangô. Era ou não era uma coisa de doido ou de imbecil?* [106]

---

[106] FREIRE, G. **Manifesto Regionalista de 1926.** Cadernos de Cultura. Ministério da Educação e Cultura. Serviço de Documentação. Recife. Fundação Joaquim Nabuco, Massangana, 1996, p. 9.

Esse comentário talvez resuma não somente toda lógica do movimento, mas também a reação de outro movimento, diferentemente cosmopolita, mas igualmente regionalista, que foi o movimento modernista, aspirante a uma hegemonia que a geografia irradiadora do centro-sul proporcionou. O movimento regionalista não via nenhuma impossibilidade entre a tradição e a modernidade, sobretudo, numa convergência que se recusava a negar o passado. Seus valores haveriam de ser ressignificados, abrindo-se para a modernidade com uma generosa e reconhecida existência histórica.

Quem participou desse congresso? Como movimento, convergiram para o congresso arquitetos, urbanistas, pedagogos, folcloristas, historiadores, sociólogos, numa reunião em que a cultura assumia a primazia do enfoque, em sua complexidade diacrônica e sincrônica:

> *(...) o modo regional e não apenas provincial de ser alguém de sua terra – manifestado numa realidade ou expresso numa substância talvez mais histórica que geográfica e certamente mais social do que política.*[107]

Esse o ponto principal do manifesto: sua vertente social ganhava mais relevo que a política, daí sua natureza até certo ponto inofensiva seja para os Estados que ela superava, o sentimento de "pernambucanidade, de alagoanidade, de paraibanidade", seja para a federação,

---

[107] FREIRE, G. op. cit. p. 14.

já que movimento eminentemente cultural. Pretendia-se impermeável ao americanismo que avançava com suas garras e modismos, sobretudo, mas igualmente a uma hegemonia cultural interna, ao próprio país. Nada do separatismo que chegara a assustar a cúpula política da nação, daí a ênfase nos aspectos culturais sobre os políticos que o movimento propugnava.

A maior injustiça que se poderia fazer a um regionalismo como o nosso seria confundi-lo com separatismo ou com bairrismo. Com anti-internacionalismo, antiuniversalismo ou antinacionalismo. Ele é tão contrário a qualquer espécie de separatismo que, mais unionista que o atual e precário unionismo brasileiro, visa à superação do estadualismo.[108]

Para superar a crise nacional, já apontada por Mesquita Filho, a melhor fórmula era o regionalismo, que potencializava a compreensão local, suas necessidades, suas aspirações, valorizando os aspectos culturais.

O REGIONAL E O NACIONAL

Era preciso compreender plenamente o alcance do manifesto, capturar sua dimensão política, seu arroubo de confronto. Em mais de uma ocasião, Gilberto Freire lamenta-se da atenção dada ao movimento modernista iniciado em São Paulo e no Rio de Janeiro:

---

[108] Idem, p. 15-16.

> *(...) o Regionalismo do Recife, quase sumido ao lado do Modernismo do Rio e do de São Paulo, seus parentes ricos e aparecidos um pouco antes. É que ao Regionalismo do Recife, a seu modo também modernista, mas modernista e tradicionalista ao mesmo tempo, faltou, na sua época heroica, propaganda ou divulgação na imprensa metropolitana, então indiferente, senão hostil, ao que fosse ou viesse da província.*[109]

Juntamente com o poder econômico, ao movimento modernista coube consolidar a hegemonia que esta região ambicionava no diagrama nacional, apoiada numa forte estrutura de divulgação. As novas ideias que configuravam o moderno haveriam de estar vinculadas com essa estética. Tudo que não pode ser enquadrado em seus cânones sofreu um processo de apagamento sistemático.

Sua aliança com a tradição mais ainda o fragilizava no cenário hodierno. Mocambos, negras quituteiras e todos os outros arrestos que lhe conferiam identidade estavam tão impregnados dos estigmas da escravidão que se tornava impossível aproximá-la dos referenciais modernos.

Sua marca reside numa espécie de alfândega, de barreira cultural que teria a potencialidade de refundar o país ao promover seu encontro, sua atualidade, com sua

---

[109] FREIRE, G. **Vinte e Cinco Anos Depois.** Recife, Ministério da Educação e Cultura, Cadernos de Cultura, Fundação Joaquim Nabuco, Massangana, 1998, p. 7.

primordial originalidade, sem os modismos anglicizados, afrancesados ou americanizados, além de conter as decorrências deletérias que essa influência ocasionou, ou seja, Estados quase imperiais ao lado de arremedos de Estados:

> *Com a República – esta ianquizada – as Províncias foram substituídas por Estados que passaram a viver em luta entre si ou com a União, impotente, nuns pontos, e, noutros, anárquica: sem saber conter os desmandos paraimperiais dos Estados grandes e ricos, nem policiar as turbulências balcânicas de alguns dos pequenos em população e que deviam ser ainda Territórios e não, prematuramente, Estados.*[110]

Este permanente e litigioso estado a corroer as malhas da República havia de ser vencido com a superação exígua dos retalhos, conferindo à dinâmica inter-regional um aparelhado conjunto de complexidades, tanto naturais quanto sociais, cuja interdependência não pode escapar aos legisladores.

Nesse espectro, o nordeste não aspira a nenhuma hegemonia; quer simplesmente preservar e oferecer sua solução cultural que, ao superar os limites da cientificidade que retalha os povos, os segrega e os coloca em confronto, harmoniza sob a égide de uma espécie singular de compromisso, que presta contas a um passado de funções definidas que não precisa estar carregado de vergonha.

---

[110] Idem, p. 17.

É pela sociologia que esta superação se viabilizará. Silvio Romero já havia intuído este caminho ao debruçar-se sobre o folclore, que é a expressão sintonizada da vocação regional que o Brasil deve abraçar. Como lhe faltasse o apoio de uma verdadeira ciência sociológica, não pôde ele completar o ciclo de análise.

O Manifesto há de combinar o antigo com o novo, o consagrado pela tradição com os aspectos modernos da existência. O mocambo, tão peculiar e tão próprio ao clima e ao *modus vivendi* do homem nordestino, deve ser preservado, sem trazer consigo sua perniciosa admoestação, que não se encontra no mocambo, mas nos locais em que são construídos. A higiene moderna deve ser considerada e o local deve ser adequado:

> *O mal dos mucambos no Recife, como noutras cidades brasileiras, não está propriamente nos mocambos mas na sua situação em áreas desprezíveis e hostis à saúde do homem: alagados, pântanos, mangues, lama podre. Bem situado, o mucambo – e a casa rural coberta de palha ou de vegetal seco não nos esqueçamos que se encontra também na Irlanda e na própria Inglaterra – é habitação superior a esses tristes sepulcros nem sempre bem caiados que são, entre nós, tantas das casas de pedra e cal, sem oitões livres e iluminadas apenas por tristonhas claraboias que apenas disfarçam a falta de luz e a pobreza de ar, dentro das quais vive vida breve ou morre aos poucos – quando não às pressas, arrastada pela tísica*

> *galopante – a maior parte da gente média da região, nas cidades e até nos povoados.*[111]

Defende a permanência de ruas estreitas, tão apropriadas aos países em que o sol é particularmente inclemente e sem sombras. Gilberto Freire é mais enfático em relação aos valores e costumes pelos quais a região deve ser reconhecida e a modernidade, que afinal trouxe Papais Noéis (inventado pela Coca-Cola no início dos anos 1930) e renas e neve, esqueceu que foi estabelecido com o presépio, mormente feito de barro, tão alteroso como o de Caxixi, nossa relação mais pungente com a natividade. Serão as "panelas de barro, as facas de ponta, cachimbos de matutos, sandálias de sertanejos, miniaturas de almanjarras, figuras de cerâmica (...)"[112] as peças que devem ser cultivadas em museus, preservadas como os valores identitários que a região consagrou.

O ponto alto do manifesto consiste em sua aparente defesa ou, melhor, sua aparente superação da divisão entre cultura erudita e "valores plebeus". Pena que tal superação se dê tão somente num elogio rasgado à culinária dos botequins, das feiras livres, que merecem a atenção por sua originalidade: sarapatel, tapioca molhada, quitute de tabuleiro, "cousas de negros" como o mamulengo, o bumba-meu-boi, a nau-catarineta.

Reconhece igualmente a importante contribuição dos engenhos patriarcais nesse dossel de cores, sabores

---

[111] Idem, p. 23.

[112] Idem, p. 26.

e harmonizações e a contribuição de nossa corrente portuguesa, cujos pastéis e temperos afrodisíacos tanto favoreceram e estimularam o intercurso sexual cuja resultante está no cadinho de carnes frêmitas, de suores cuja mistura branca, negra e índia produz perfume para as narinas estupefatas do mundo. Tudo no seu devido lugar: os negros dançando o coco; as baianas com seus quitutes e os senhores, bem os senhores aspiram a esses perfumes nas feiras tanto quanto nos solares. Parecia querer dizer que somente pela cultura poderíamos superar as mazelas oriundas de nossas desigualdades.

No Manifesto, a cultura pulsa em todas as linhas, cautelosa nomenclatura a superar os preconceitos divisionistas. A integração não devia se dar apenas no nível social e interétnico mas, sobretudo em nível nacional, pela emergência da particularidade. Daí que as cozinhas baiana, nordestina e mineira compunham um panorama que não deveria destoar, mas ser apreciado como num mosaico de ordenações sem relevos.

Em poema escrito no mesmo ano de 1926, cujo título *O outro Brasil vem aí*, Gilberto Freire como que busca sintetizar a generalidade de seu pensamento:

Eu ouço as vozes
Eu vejo as cores
Eu sinto os passos
De outro Brasil que vem aí
Mais tropical
Mais fraternal
Mais brasileiro

*O mapa desse Brasil em vez das cores dos Estados
Terá as cores das produções e dos trabalhos.
Os homens desse Brasil em vez das cores das três
raças
Terão as cores das profissões e regiões
As mulheres do Brasil em vez das cores boreais
Terão as cores variamente tropicais.
Todo brasileiro poderá dizer: é assim que eu quero
o Brasil,
Todo brasileiro e não apenas o bacharel ou o doutor
O preto, o pardo, o roxo e não apenas o branco e o
semibranco.
Qualquer brasileiro poderá governar esse Brasil
Lenhador
Lavrador
Pescador
Vaqueiro
Marinheiro
Funileiro
Carpinteiro
Contanto que seja digno do governo do Brasil,
Que tenha olhos para ver pelo Brasil,
Ouvidos para ouvir pelo Brasil,
Coragem de morrer pelo Brasil,
Ânimo de viver pelo Brasil
Mãos para agir pelo Brasil,
Mãos de escultor que saibam lidar com o barro forte
e novo dos Brasis
Mãos de engenheiro que lidem com ingresias e trato-
res europeus e norte-americanos a serviço do Brasil*

*Mãos sem anéis (que os anéis não deixam o homem
criar nem trabalhar),*
Mãos livres
Mãos criadoras
Mãos fraternais de todas as cores
*Mãos desiguais que trabalham por um Brasil sem
Azeredos,*
Sem Irineus
Sem Maurícios de Lacerda
Sem mãos de jogadores
Nem de especuladores nem de mistificadores.
Mãos todas de trabalhadores,
Pretas, brancas, pardas, roxas, morenas,
De artistas
De escritores
De operários
De lavradores
De pastores
De mães criando filhos
De pais ensinando meninos
De padres benzendo afilhados
De mestres criando aprendizes
De irmãos ajudando irmãos mais moços
De lavadeiras lavando
De pedreiros edificando
De doutores curando
De cozinheiros cozinhando
*De vaqueiros tirando leite de vacas chamadas coma-
dres dos homens.*
Mãos brasileiras

Brancas, morenas, pretas, pardas, roxas
Tropicais
Sindicais
Fraternais.
Eu ouço as vozes
Eu vejo as cores
Eu sinto os passos
Desse Brasil que vem aí.[113]

A coerência interna que conduz a uma harmonia plácida do revolto lago social é espantosa em sua funcionalidade implacável.

Seu endereço era certeiro. Retomemos o texto de Lourenço Filho:

> *A um filho do sul – habituado a cenas de renovação constante da vida, à ebulição fervilhante de progresso nas cidades cosmopolitas, teatro da agitação dos mais contraditórios interesses, em ânsias e flutuações de um porvir ainda mal definido, mas tendente sempre à melhoria da existência social – a impressão primeira, quando pelo Nordeste se interne, é a de que vai, como num sonho, recuando pelo tempo, a cada passo. A vida parece que desanda, inicia um giro inverso, marcando para traz duas dezenas de anos, em cada dia de viagem... Povo, habitações, aspectos de vilas e cidades, processos de cultura da*

---

[113] Chamo a atenção para a oposição, nesse poema, entre a teoria das três raças e o caráter regional.

> *terra e meios de transporte, modos de falar e vestir, manifestações de toda a existência social e política, de estética ou religiosidade – tudo se lhe mostra sob espessa pátina do tempo, ou lhe soa n'alma, com as vozes indefiníveis de alongado pretérito.* (Lourenço Filho, *Juazeiro do Padre Cícero*, op. cit. p. 14)

Tais arritmias podem ser creditadas à diversidade de projetos. Se, de um lado, o folclore, as coisas típicas do povo, é motivo de enaltecimento regional, de identidade, de harmonizações múltiplas, tanto internas quanto externas, de outro, o mesmo fenômeno serve como depositário de perigos, como vitrine de um ossuário cuja brancura deve servir tão somente como curiosa manifestação da volubilidade mitológica e informe dos deserdados que a ignorância prostrou. Mas não nos enganemos, ambos serão projetos mitificadores, propensos a recolocar em seus indevidos lugares, atores sociais que demandavam ações políticas e ansiavam por novos espaços que o momento histórico exigia.

Participantes de movimento análogo, alguns folcloristas patrocinavam estudos cujo direcionamento era pautado por uma identidade regional tipificada que pudesse compor um painel coerente no alinhavo nacional. Gustavo Barroso investigava no Ceará o típico homem do mar, o jangadeiro,[114] cuja prodigalidade estaria pautada

---

[114] Lembremos a estrada de ferro de Baturité, tomada por Lourenço Filho em Fortaleza, cujo trajeto, quanto mais se afastava do litoral, mais em direção ao passado ia.

pela solidariedade, tão contrária ao individualismo cosmopolita. Também ele deseja a fundação de um Museu Ergológico, no qual "se poderia ver as artes e ofícios tradicionais da nossa gente, bem como estudar sua origem, evolução e finalidades (...). A paisagem da vida brasileira, da verdadeira vida popular e tradicional que o bulício e o cosmopolitismo das cidades nos faz esquecer".[115]

Sobre essa cautela em sistematizar a vida e os costumes do povo, lembra-nos Ortiz:

> *O esforço colecionador identifica-se à ideia de salvação; a missão é agora congelar o passado, recuperando-o como patrimônio histórico.*[116]

Havia outra intenção, que de meramente extraditar, encarcerar os ritmos da vida ao ambiente parcimonioso dos museus.

Urdidores de uma gramática de coesão, esses soldados que se beneficiavam de generosos cargos públicos,[117] procuravam a arquitetura de uma malha identitária capaz de galvanizar adstringências dispersas de norte a sul do País. Acreditavam poder provocar uma afasia política lo-

---

[115] BARROWSO, Gustavo. **Em torno da criação de um museu ergológico brasileiro.** Acção, 13/05/1943.

[116] ORTIZ, R. **Românticos e folcloristas.** Cultura Popular. São Paulo: Olho d'Água, 1992.

[117] Barroso foi presidente do Museu Histórico Nacional de 1922, ano da fundação, até 1959.

calizada por meio de tipificações de um heroísmo tangível que, no caso específico de Barroso, estava emblematizado pela valentia do homem diante do mar. Obras como *Terra de sol*, de 1912; *Praias e Várzeas*, de 1915, repletas de histórias de pescadores; *Heróis e bandidos*, de 1917, cuidam de enunciar o território de uma epopeia, cujos protagonistas são os heróis dos fazeres cotidianos, os laboriosos e anônimos senhores do mar, "raça heroica que durante séculos devassara o oceano". Esse homem do mar está impregnado de nossa mestiçagem e carrega de cada um de seus progenitores ancestrais etos distintivos: o heroísmo vem do colonizador branco, enquanto a preguiça e a tristeza devem ser creditadas aos índios erradios[118] que já não mais existem.

A fórmula que implicava uma determinada visão de folclore, costurada com as idiossincrasias menos notáveis das populações circunscritas, já vinha sendo fermentada desde há muito. Celso Magalhães (1849-1879) publicara em "jornais de Recife e São Luís, em 1873 (...) os primeiros estudos brasileiros sobre cultura popular",[119] enquanto José de Alencar, ao publicar *Iracema* (1865), *O gaúcho* (1870) e *O Tronco do Ipê* (1871), mergulha no universo regional em busca da especificidade, assim como Morais Filho (1844-1919), autor de *Festas e tradições populares*

---

[118] BARROSO, G. Velas Brancas, conto. **Praias e Várzeas.** Rio de Janeiro: Francisco Alves, 1915.

[119] MARTINS, Saul. Os estudos do folclore em Minas Gerais. *In*: **Boletim da CMFL**, nº 15, dez/92, p. 85-98.

no Brasil (1888) e de *Serenatas e Saraus* (1901/2); Figueiredo Pimentel (1869-1914), aos moldes de Andersen, transporta para a infância os espectros folclóricos em obras como *Contos da Carochinha* (1894) e *Contos da Avozinha* (1896). Mas será com Amadeu Amaral (1875-1929), em associação a Monteiro Lobato (1882-1948) para a fundação de sociedades demológicas em São Paulo, que o estudo sobre o folclore ganha estatuto de cientificidade. Sua obra *O dialeto paulista*, de 1920, é a primeira de dialectologia, estudando o linguajar do caipira paulista, mais especificamente da região do Vale do Paraíba, à luz da linguística aplicada.

Tal sonho seria viabilizado por Mário de Andrade, no Departamento Municipal de Cultura e, depois, por Luís da Câmara Cascudo, que funda no Rio Grande do Norte a Sociedade Brasileira de Folclore.

Essa alternativa analítica, que tinha por objetivo conformar sem ocultar as demandas regionais e locais, estava sendo testada de diversas formas na década de 1920, da grande crise político-institucional, aliada a uma crise mundial da economia.

A década de 1930 assistiria ao paroxismo e ruptura das tensões entre os Estados e a União. Getúlio Vargas, de posse do segundo Governo Provisório da República, dissolve o Congresso Nacional, as assembleias estaduais e as câmaras municipais, nomeando interventores federais numa forte centralização política que teve como resposta o violento protesto de 1932 em São Paulo pelo retorno à autonomia estadual, além de problemas em inúmeros outros Estados. Embora sufocados, esses movimentos forçaram a implantação da Constituição de 16 de julho de 1934.

A representação profissional que caracterizou a Constituinte foi mantida na nova carta, estabelecendo papéis específicos e atribuições aos Estados, Municípios e União; além disso, criou uma Seção Permanente no Senado Federal, cujos membros eram escolhidos diretamente pelas Assembleias Estaduais com amplos poderes.

Getúlio Vargas acabou sendo confirmado no cargo de presidente pela própria Assembleia, como previa a Constituição. Os quatro anos seguintes não foram capazes de conter o movimento centrífugo dos Estados, a represa jamais poderia ser contida com a força dos braços. Em 1935, um levante sacudiu o Rio de Janeiro, Pernambuco e o Rio Grande do Norte e, em 1937, com a aproximação das eleições, Getúlio justifica o golpe militar: "A crescente agravação dos dissídios partidários tende a resolver-se em termos de violência, colocando a nação sob a funesta contingência da guerra civil".[120] A 10 de novembro, dissolve o Congresso e outorga a "polaca", que recebeu esta alcunha por ter sido inspirada pela constituição polonesa Pilsudsky, impregnada de artifícios centralizadores, dando ao presidente poderes para "coordenar os órgãos representativos de grau superior", para dirigir "a política legislativa

---

[120] POMBO, R. **História do Brasil.** São Paulo: Ed. Melhoramentos, 1961, p. 490.

de interesse nacional" e superintender "a administração do país" (trechos da Constituição de 1937).[121]

Chegava ao fim um modelo constitucional em tudo baseado na experiência norte-americana, marcado pelo excesso de fragmentação e pela liberdade de expansão, que acarretara a hegemonia de alguns Estados. O centralismo que lhe usurpava o lugar teria início por um ato simbólico inequívoco: a queima das bandeiras estaduais numa cerimônia que teve muito das expressões galvânicas típicas das vulcânicas erupções das nacionalidades.

Ainda sob os ecos destas palavras proferidas cinco anos antes por Monteiro Lobato: "Ou São Paulo assume a hegemonia política a qual lhe dá a hegemonia de fato que já conquistou pelo seu trabalho no campo econômico e cultura ou separa-se", acrescidas dos eventos e pressões pela sucessão em 1937 que vinham do Rio Grande do Sul, aparelhado com sua Brigada Militar dos Estados. Escreve um autor atual de história regional sobre a prosaica pirotecnia cerimonial:

> *Logo após a decretação do Estado Novo, em 10 de dezembro de 1937, presenciou-se num estádio do Rio de Janeiro um singular espetáculo propagandís-*

---

[121] Sobre os eventos que culminaram no Estado Novo existe vasta bibliografia. Sugiro SOLA, L. O golpe de 37 e o Estado Novo. *In*: MOTA, C. G. **Brasil em Perspectiva**; CAMPOS, F. **O Estado Nacional**; SILVEIRA, J. **O Estado Novo e o Getulismo**; CARONE, E. **O Estado Novo e a Segunda República**; SILVA, H. **1937: Todos os golpes se parecem**; BASBAUM, L. **História Sincera da República**; SODRÉ. N. W. **História Militar do Brasil**.

> *tico. O próprio Getúlio Vargas em pessoa, perante uma arquibancada lotada e atenta, imbuída de fervor cívico, presidiu a chamada cerimônia da queima das bandeiras. As flâmulas estaduais eram, uma a uma, incineradas numa grande pira erguida em meio à pista do estádio. Cada pano colorido devorado pelas chamas, que supunham estar a queimar a serviço de uma pátria unida, colhia os aplausos da multidão. Doravante nenhuma parte da federação teria mais a sua bandeira. Apenas a do Brasil imperaria. Só o chefe da nação, o Presidente Getúlio Vargas, mandaria. Afinal, na prática, também não existia mais a federação, pois cada Estado estava em mãos de um interventor e cada município a mando de um intendente.*
>
> *Por instância dos representantes do Rio Grande do Sul, presentes no espetáculo pírico, encaminhou-se ao ditador o pedido para que a bandeira do nosso estado, a tricolor herança dos farroupilhas, não sofresse o destino das demais. Getúlio Vargas poupou-a. Mas não salvou-se a nossa história regional. Ela foi-se dos livros, banida dos manuais escolares.*[122]

A partir daí, seriam necessários muitos anos e inúmeros acontecimentos para que a história regional pudesse ser implementada. O mesmo Estado subitamente centralizado vinha convivendo com os preparativos de uma viagem etnográfica pelos Estados do nordeste. Desde

---

[122] SCHILLING, Voltaire. **História do Rio Grande do Sul.** *In*: http://www.terra.com.br/voltaire/500br/rs.htm

a criação do Departamento de Cultura do Município de São Paulo, Mario de Andrade, que assumira o cargo de diretor em 1936, vinha defendendo a ideia de resgatar um Brasil desconhecido:

> (...) *Faz-se necessário e cada vez mais que conheçamos o Brasil. Que sobretudo conheçamos a gente do Brasil. E então, se recorremos aos livros dos que colheram as tradições orais, e os costumes da nossa gente, desespera a falta de valor científico dessas colheitas. São descrições imperfeitíssimas, incompletas, a que muitas vezes faltam dados absolutamente essenciais. São selvas de quadrinhas bem vestidas, numa língua muito correta, em que é manifesta a colaboração do recolhedor. São músicas reduzidas a ritmos simplórios, não se sabe como recolhidas, a maior parte das vezes guardadas na memória, e não colhidas diretamente do cantador popular.*
>
> *O que vale tudo isso? Além de ser pouco em comparação com a riqueza absurda dos nossos costumes e do nosso folclore, além de ser pouco, vale pouco. É uma documentação mal colhida, anticientífica, deficiente. Há momentos em que o estudioso do assunto desanima ante esse montão de livros mal feitos e tem a impressão desesperada de que tudo deve ser repudiado, e nada pode servir como documentação. (...)*
>
> *A Etnografia brasileira vai mal. Faz-se necessário que ela tome imediatamente uma orientação prática baseada em normas severamente científicas. Nós não*

precisamos de teóricos, os teóricos virão a seu tempo. Nós precisamos de moços pesquisadores, que vão à casa do povo recolher com seriedade e de maneira completa o que esse povo guarda e rapidamente esquece, desnorteado pelo progresso invasor. (...).[123]

A viagem de descoberta do Brasil realizada em 1924 havia engendrado novos conceitos de brasilidade que agora tinham condições de ganhar visibilidade. Eram ainda os pressupostos do modernismo, finalmente institucionalizados, ganhando apoio financeiro do estado, possibilitando que se ultrapassasse a estética rigorosa da pianolatria romântica no que tange à questão musical, mas que ia muito mais longe em suas repercussões.

A Missão de Pesquisas Folclóricas irá conduzir "moços" pelo nordeste brasileiro atrás das manifestações folclóricas mais inusitadas e provocar esse comentário de Mario de Andrade em carta a Francisco Pati, de 23 de maio de 1938:

(...) E si cuidamos todos na atualidade de abrasileirar o Brasil e torná-lo uma entidade realmente unida, talvez não haja no país região mais afastada

---

[123] ANDRADE, M. de. "A situação etnográfica do Brasil". I*n*: **Jornal Síntese**, Belo Horizonte, nº 1, Ano I, Outubro de 1936. Apud. CARLINI, A. **Cante lá que gravam cá: Mário de Andrade e a Missão de Pesquisas Folclóricas de 1938**. Dissertação de Mestrado. São Paulo, USP, 1994.

da essencialidade nacional que esta região de São Paulo, a mais cruzada de imigrantes de várias procedências (...).[124]

Tal perspectiva, de que o estudo do folclore haveria de abrasileirar São Paulo, pode ser apreciada nessa letra recolhida pela Missão:

> *Vamu dançá minha gente*
> *Cum toda sastifação*
> *Pra mandá nossa cantiga*
> *Lá pra civilização*
>
> *São Paulo vae uvi*
> *Coisa que nunca uviu*
> *O côco da nossa terra*
> *Que daqui nunca saiu*
>
> *Seu dotô, homê do sul*
> *Nosso adeus vamu lhe dá*
> *E leve nossa cantiga*
> *Lá pro vosso lugá.*[125]

Calada a voz regional em sua materialidade política, parecia querer dizer o governo que muito da força centrífuga até então presente na república haveria de ser

---

[124] CARLINI, A. op. cit. p. 448.

[125] CARLINI, A. op. cit., letra de melodia colhida em Tacaratu (PE), p. 154.

revertida num movimento de encantamento cultural, numa onda de refluxo vinda do velho nordeste, capaz de ensinar simplicidade, alegria, compostura, tudo ao som exclusivo da pancada do ganzá.

O processo compensatório irá se completar em 1941 com a fundação, no Rio Grande do Norte, da Sociedade Brasileira de Folclore por Luis da Câmara Cascudo e com o I Congresso Nacional de Folclore dez anos depois.

Enquanto eram aprisionadas as expressões de incontida resistência no baú das preciosidades populares, as elites tratavam de criar novas tradições que jamais existiram.

O *kilt*, aquele famoso saiote escocês, foi inventado em 1898 e hoje até os filmes o colocam no século XII; as elites paulistas criavam os bandeirantes e legitimavam o seu poder com uma tradição inventada de quatrocentões; na Índia, o sistema de castas era creditado à mais antiga tradição brâmane e não aos colonizadores ingleses que empoderavam os dominadores locais e inventavam uma justificativa histórica para o seu poder.

Essa elusiva nacionalidade jamais poderia ser objeto de um relator prospectivo. Viria a ser encenada por miríades de plebiscitos cuja rotina nem mesmo a voz das baionetas faria calar. Estamos condenados pelos entraves de nossa vastidão e de nosso peculiar arranjo cultural a um prosaico e indefinível complexo de lutas, capilarizadas por difusas artérias substantivas cujo reconhecimento não se dá de maneira uniforme. Esse mosaico não pode ser vislumbrado na sua totalidade, já que o distanciamento embaralha a visão e favorece a perda dos detalhes por um estranho processo de miopia coletiva. A lupa de que dispomos tampouco resolve o problema: realça idiossincrasias, amplia sotaques, arma tendenciosa que jamais favorece a harmonia de uma imagem acabada. Fazemo-nos, continuamente, a despeito do que fazem conosco, com nossa história erradia, aprisionando-a em delicadas traves de letras, concebendo cartórios ilustrados onde acreditam que nos acalmamos e adormecemos. "No bucho do analfabeto, letras de macarrão fazem poema concreto", afirmavam Chico Buarque de Hollanda e Edu Lobo, no *Grande Circo Místico*; eis uma de nossas possíveis traduções, se muito. Aí se congregam todas as nossas fomes, numa frase musical... mas que imagem se dá a ver aos olhos!? Que poema!!!

Conheça também

OUTRAS OBRAS DO AUTOR *EDUARDO ANTONIO BONZATTO*:

- Aspectos da História da África, da Diáspora Africana e da Escravidão sob a Perspectiva do Poder Eurocêntrico
- Educação nos Tempos da Cólera
- Permacultura e as Tecnologias de Convivência

ALGUMAS OBRAS DA *COLEÇÃO CONHECIMENTO E VIDA*:

- A Arte de Contar Histórias: abordagens poética, literária e performática
- A Caixa de Pandora por uma Educação Ativa
- A Educação no Brasil e o Princípio da Dignidade da Pessoa Humana
- A Educação Profissional: contraponto entre as políticas educacionais e o contexto do mundo produtivo
- A Formação dos Profissionais da Educação: processo de transformação das matrizes pedagógicas
- Campanhas Ecológicas para um Mundo Melhor
- Cultura Afro-brasileira na Escola: o congado em sala de aula
- Formação de Professores e Representações sobre o Brincar
- Gestão do Conhecimento, Educação e Sociedade do Conhecimento
- Olhares Plurais Sobre o Meio Ambiente: uma visão interdisciplinar